First Spanish Reader for Beginners
Volume 2

Lora Estrada

First Spanish Reader for Beginners
Volume 2
Bilingual for Speakers of English
Elementary A2

LANGUAGE
PRACTICE
PUBLISHING

First Spanish Reader Volume 2
by Lora Estrada

Audio tracks: www.lppbooks.com/Spanish
Homepage: www.audiolego.com

Graphics: Audiolego Design
Images: Canstockphoto

Second edition
Copyright © 2013 2016 2018 Language Practice Publishing
Copyright © 2016 2018 Audiolego
This book is in copyright. Subject to statutory exception and to the provisions of relevant collective licensing agreements, no reproduction of any part may take place without the written permission of Language Practice Publishing.

Tabla de contenidos

How to control the playing speed 7

Chapter 1 The sick cat 8

Chapter 2 The hamster saved itself 11

Chapter 3 A rescuer 15

Chapter 4 A nanny with a tail 18

Chapter 5 A talking cat 20

Chapter 6 Sleepy guest 23

Chapter 7 The dog isn't guilty 25

Chapter 8 The suitcases 28

Chapter 9 Professor Leonidas 31

Chapter 10 At the dentist 34

Chapter 11 Justice triumphs! 37

Chapter 12 Where is the sea? 40

Chapter 13 A small job 43

Capitulo 14 ¡Deténgalo! 46

Capitulo 15 Un maravilloso regalo 49

Capitulo 16 Confesiones en un sobre 52

Capitulo 17 Una especialidad de la casa 56

Capitulo 18 Tulipanes y manzanas 59

Capitulo 19 Tarta 62

Capitulo 20 Cena exótica 65

Capitulo 21 Arte supremo 68

Capitulo 22 Limpieza primaveral 71

Capitulo 23 Taxi beige 74

Capitulo 24 Árbol de Navidad 78

Capitulo 25 Gran incendio 81

Capitulo 26 ¡Cuidado con el perro enfadado! 83

Capitulo 27 El error de Mars 85

Capitulo 28 Colándose en la cola 87

Capitulo 29 Asiento número trece 90

Capitulo 30 Tareas 93

Spanish-english dictionary 95

English-spanish dictionary 110

Recommended reading 126

How to control the playing speed

The book is equipped with the audio tracks. The address of the home page of the book on the Internet, where audio files are available for listening and downloading, is listed at the beginning of the book on the bibliographic description page before the copyright notice.

We recommend using free **VLC media player** to control the playing speed. You can control the playing speed by decreasing or increasing the speed value on the button of the VLC media player's interface.

Android users: After installing VLC media player, click an audio track at the top of a Kapitel or on the home page of the book if you read a paper book. When prompted choose "Open with VLC". If you experience difficulties opening audio tracks with VLC, change default app for music player. Go to Settings→Apps, choose VLC and click "Open by default" or "Set default".

Kindle Fire users: After installing VLC media player, click an audio track at the top of a Kapitel or on the home page of the book if you read a paper book. Complete action using →VLC.

iOS users: After installing VLC media player, copy the link to an audio track at the top of a Kapitel or on the home page of the book if you read a paper book. Paste it into Downloads section of VLC media player. After the download is complete, go to All Files section and start the downloaded audio track.

Windows users: After installing VLC media player, right-click an audio track at the top of a Kapitel or on the home page of the book if you read a paper book. Choose "Open with→VLC media player".

MacOS users: After installing VLC media player, right-click an audio track at the top of a Kapitel or on the home page of the book if you read a paper book, then download it. Right-click the downloaded audio track and choose "Get info". Then in the "Open with" section choose VLC media player. You can enable "Change all" to apply this change to all audio tracks.

El gato enfermo
The sick cat

A

Palabras
Words

1. a veces - sometimes
2. acordarse - remember
3. ahora - now
4. allí - there
5. apenas - almost
6. aquí - here
7. así que - so
8. bien - well
9. casa - home
10. claro - clear
11. cocina - kitchen
12. come - eat
13. completamente - absolutely
14. compra - buys
15. con - with
16. contento - glad
17. correr - run
18. cuándo - when
19. de - from, of
20. de cerca - closely
21. debería - should
22. dejaría - would
23. delante - front
24. día - day

25. dice - says
26. diciendo - telling
27. disgustado - upset
28. dormir - sleep
29. dos - two
30. él - he
31. el - the
32. ellos - them
33. en - at, in
34. enfermo - sick
35. entonces - then
36. era - was
37. es - is
38. estoy - I'm
39. extraño - strange
40. feliz - happy
41. fuera - out
42. gato - cat
43. grande - big
44. hoy - today
45. interesante - interesting
46. iré - I'll
47. jaula - cage
48. jugar - play
49. juguetes - toys
50. justamente - right
51. levanta - up
52. marcharse - leave
53. más tarde - later
54. mascota - pet
55. mayoría - most
56. mirada - gaze
57. mirando - watching
58. mover - move
59. mucho - lot
60. muy - very
61. necesario - required
62. no - doesn't, don't; no, not
63. no es - isn't
64. noche - evening
65. observar - look
66. ocurrió - happened
67. ooh - ooh
68. otra vez - again
69. otro - other
70. para - to
71. pequeño - little

72. pero - but
73. por qué - why
74. preocuparse - worry
75. propia - own
76. propietario - owner
77. qué - what
78. que - that
79. quitar - taking
80. quizás - maybe
81. ratas - rats
82. ratón - mouse
83. respirando - breathing
84. respuestas - answers
85. sano - healthy
86. se levanta - get up
87. se queda tumbado - lies
88. semana - week
89. sin - without
90. sitio - place
91. solamente - just
92. solo - only
93. son - are
94. sorprendido - surprised
95. su - its
96. supone - supposes
97. supuesto - course
98. también - also
99. telefonea - phones
100. tienda - shop
101. tiene - has
102. todo - all, everything, whole
103. tristemente - sadly
104. tú - you
105. tumbado - down
106. tumbado - lying
107. un - a
108. uno - one
109. va - goes
110. vacunas - vaccinations
111. ve - see
112. ven - come
113. vendedor - salesman
114. verdad - truth
115. voluntad - will
116. y - and
117. yo - I

B

El gato enfermo

Robert va a una tienda de mascotas. Compra un gato pequeño. Está muy contento, pero una semana más tarde Robert telefonea a la tienda y dice que el gato está enfermo: no corre ni juega.

"¡Eso es extraño!" dice el vendedor, "El gato está completamente sano. ¡Tiene todas las vacunas necesarias! Me acuerdo bien de qué gato tan feliz era."

"¡Yo también estoy muy sorprendido!" dice Robert, "Pero ahora se queda acostado en un sitio todo el día y apenas se mueve."

"¿Duerme mucho, quizás?" supone el propietario de la tienda de mascotas.

"No, no duerme," responde Robert tristemente, "Solamente se queda tumbado y no se mueve. Solo a veces viene a la cocina a comer. Pero después vuelve a tumbarse y no se levanta."

El propietario de la tienda de mascotas ve que Robert está muy disgustado.

"No se preocupe. Iré a su casa hoy y veré qué le ocurrió al gato," dice.

Por la noche va a casa de Robert para observar al gato. Ve que Robert está diciendo la verdad: el gato no corre ni juega. Se queda tumbado y apenas se mueve… y delante de él hay una jaula grande con dos ratas - las otras mascotas de Robert. El gato está tumbado y casi no respira, está mirando a las ratas muy de cerca, sin quitar la mirada de ellas.

"Ooh," dice el propietario de la tienda de mascotas, "Por supuesto. Ahora todo está claro. ¿Por qué debería correr y jugar cuando los juguetes más interesantes están justamente aquí? ¿Qué gato dejaría marchar a un ratón por voluntad propia?"

The sick cat

Robert goes to a pet shop. He buys a little cat. He is very glad, but a week later Robert phones the pet shop and says that the cat is sick. It does not run and play.

"That is strange!" the salesman says, "The cat is absolutely healthy. It has all the required vaccinations! I remember well what a happy cat it was."

"I'm also very surprised!" Robert says, "But now it lies in one place the whole day and almost doesn't move."

"Maybe it sleeps a lot?" the pet shop owner supposes.

"No, it doesn't sleep," Robert answers sadly, "It just lies and doesn't move. Only sometimes it comes to the kitchen to eat. But then it lies down again and doesn't get up."

The owner of the pet shop sees that Robert is very upset.

"Don't worry. I'll come to you today and I will see what happened to the cat," he says.

He comes to Robert's home in the evening to look at the cat. He sees that Robert is telling the truth. The cat doesn't run and play. It lies and almost doesn't move… and in front of it there is a big cage with two rats - Robert's other pets. The cat is lying down and almost isn't breathing - it is watching the rats so closely without taking its gaze from them.

"Ooh," the owner of the pet shop says, "Of course, everything is clear now. Why should it run and play when the most interesting toys are right here. What cat would leave a mouse out of its own will?"

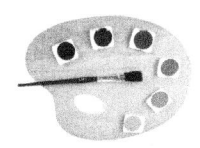

2

El hámster se salvó a sí mismo
The hamster saved itself

A

Palabras
Words

1. abraza - hugs
2. activa - active
3. acuario - aquarium
4. agua - water
5. al lado - by
6. alegre - cheerful
7. algo - something
8. alrededor - about
9. amigos - friends
10. animal - animal
11. aparta - away
12. aparta - chases
13. aseando - cleaning
14. ayuda - help
15. baja - off
16. bebe - drinks
17. beber - drinking
18. bueno - good
19. cama - bed
20. casa - house
21. caso - case
22. cómo - how
23. comprar - buy
24. corriendo - running
25. dar - give
26. de Ann - ann's
27. de Robert - robert's
28. despierta - wakes
29. detener - stop
30. dice - tells

31. dormido - asleep
32. dormir - sleep
33. duerme - sleeps
34. dulces - sweets
35. durmiendo - sleeping
36. ella - herself, she
37. empieza - starts
38. en - into
39. enferma - ill
40. espero - hope
41. este - this
42. estos - these
43. exactamente - exactly
44. familiarizarse - acquainted
45. flores - flowers
46. frutas - fruits
47. fuera - outside
48. fuertemente - loudly
49. gracias - thank
50. gusta - likes
51. gustan - like
52. habitación - room
53. hámster - hamster
54. historia - story
55. hola - hello, hi
56. humor - mood
57. incluso - even
58. inmediatamente - immediately
59. la - her
60. lastimar - hurt
61. le - him
62. llamado - named
63. mañana - morning
64. me gustaría - i'd
65. me temo - afraid
66. mejor - better
67. mejorar - improve
68. mi - my
69. mira - looks; mira fijamente - stares
70. mucho - much
71. muestra - shows
72. necesito - need
73. noche - night
74. normal - common
75. normalmente - usually
76. nosotros - we
77. nuestro - our
78. nuevo - new
79. o - or
80. ofrezco - offer
81. para - for
82. parece - seems
83. pez - fish
84. piensa - thinks
85. puedo - can
86. quiere - wants
87. quiero - want
88. realmente - really
89. regalo - present
90. regalos - gifts
91. reír - laugh; ríe - laughs
92. riendo - laughing
93. rueda - wheel
94. sabe - knows
95. salvó - saved
96. se - itself
97. se da cuenta - realizes
98. se sienta - sits
99. sentado - sitting
100. siempre - always
101. siente - feels
102. siento - sorry
103. sin embargo - however
104. sonríe - smiles
105. sorpresa - surprise
106. soy - am
107. también - too
108. tarde - late
109. taza - cup
110. tener - get, have
111. tiene - you're
112. todavía - still
113. todos - every
114. trae - brings
115. tranquilo - quiet
116. tu - your
117. un - an
118. ve - sees
119. viene - comes
120. visita - visit
121. ya - already
122. yo - me

B

El hámster se salvó a sí mismo

Ann la amiga de Robert está enferma. Robert visita a Ann todos los días. A veces Robert le trae regalos. Normalmente le trae flores, fruta o dulces. Pero hoy quiere sorprenderla. Robert sabe que a Ann le gustan mucho los animales. Ann ya tiene un gato llamado Tom. Sin embargo Tom está normalmente fuera. Y Robert quiere darle a Ann un animal que esté siempre en casa. Robert va a una tienda de mascotas.
"Hola," le dice Robert a un vendedor de la tienda de mascotas.
"Hola," le responde el vendedor, "¿Cómo puedo ayudarle?"
"Me gustaría comprar un animal para mi amiga," dice Robert. El vendedor piensa.
"Puedo ofrecerle un pez de acuario," dice el vendedor. Robert mira los peces de acuario.
"No. Un pez es demasiado tranquilo, y Ann es alegre y activa," responde Robert. El vendedor sonríe.
"En este caso, su amiga estará contenta de tener este animal," dice el vendedor, y le enseña un pequeño hámster. Robert sonríe.
"Tiene razón," dice Robert, "¡Esto es exactamente lo que necesito!"
Robert compra dos hámsters. También compra una jaula. Hay de todo en la casa del hámster, una taza para beber, una rueda para correr, e incluso una pequeña cama.
Por la noche Robert va a casa de Ann.
"Hola Ann," dice Robert, "¿Cómo estás?"
"Hola Robert," responde Ann, "Hoy estoy mucho mejor."
"Ann, de veras quiero mejorar tu humor," dice Robert, "Espero que te guste este regalo."
Ann mira a Robert con sorpresa. Robert le muestra a Ann la jaula con los hámsters. Ann empieza a reírse. Abraza a Robert.
"¡Gracias, Robert! Me gustan mucho los hámsters. A veces me parece que tenemos algo en común," dice Ann. Robert también se ríe. Robert vuelve a casa tarde esa noche. Ann se va a la cama. El gato Tom entra en la habitación de Ann.

The hamster saved itself

Robert's friend Ann is ill. Robert pays a visit to Ann every day. Sometimes Robert brings gifts for her. He usually brings her flowers, fruits or sweets. But today he wants to surprise her. Robert knows that Ann likes animals very much. Ann already has a cat named Tom. However Tom is usually outside. And Robert wants to give Ann an animal that will always be at home. Robert goes to a pet shop.
"Hello," Robert says to a salesman at the pet shop.
"Hello," the salesman answers, "How can I help you?"
"I'd like to buy an animal for my friend," Robert says. The salesman thinks.
"I can offer you an aquarium fish," the salesman says. Robert looks at the aquarium fish.
"No. A fish is too quiet, and Ann is cheerful and active," Robert answers. The salesman smiles.
"In this case, your friend will be glad to get this animal," the salesman says and shows a little hamster. Robert smiles.
"You're right," Robert says, "This is exactly what I need!"
Robert buys two hamsters. He also buys a cage. There is everything in the hamster house - a cup for drinking, a wheel for running, and even a little bed.
In the evening Robert comes Ann's.
"Hi Ann," Robert says, "How are you?"
"Hi Robert," Ann answers, "I am much better today."
"Ann, I really want to improve your mood," Robert says, "I hope you like this present."
Ann looks at Robert in surprise. Robert shows Ann the cage with the hamsters. Ann starts laughing. She hugs Robert.
"Thank you, Robert! I like hamsters very much. Sometimes it seems to me that we have something in common," Ann says. Robert laughs too. Robert goes home late at night. Ann goes to bed. The cat Tom comes into Ann's room.

"Tom, familiarízate. Estos son nuestros nuevos amigos hámsters, llamados Willy y Dolly," le dice Ann al gato. Tom se sienta al lado de la jaula y mira fijamente para los hámsters. Dolly ya está durmiendo y Willy está corriendo en la rueda.

"Tom, no lastimes a nuestros nuevos amigos. Buenas noches a todos," dice Ann. Ann se va a dormir.

Por la mañana Ann se levanta y ve que Tom está sentado al lado de la jaula. Dolly se está aseando, y Willy está todavía corriendo en la rueda. Ann se da cuenta de que el gato ha estado sentado al lado de la jaula y mirando a Willy toda la noche. Y Willy tenía miedo de detenerse. Ann lo siente por Willy. Aparta a Tom de la jaula. Willy se baja de la rueda, va hacia la taza de agua y bebe. Después el hámster inmediatamente cae y se queda dormido. Duerme todo el día. Por la noche vuelve Robert y Ann le cuenta la historia del hámster. Robert y Ann ríen fuertemente y el hámster Willy se despierta y se les queda mirando fijamente.

"Tom, get acquainted. These are our new friends - hamsters named Willy and Dolly," Ann tells the cat. Tom sits down by the cage and stares at hamsters. Dolly is already sleeping, and Willy is running in the wheel.

"Tom, don't hurt our new friends. Good night to you all," Ann says. Ann goes to sleep.

In the morning Ann wakes up and sees that Tom is sitting by the cage. Dolly is cleaning herself, and Willy is still running in the wheel. Ann realizes that the cat was sitting by the cage and was watching Willy the whole night. And Willy was afraid to stop. Ann feels sorry for Willy. She chases Tom away from the cage. Willy gets off the wheel, comes to the water cup and drinks. Then the hamster immediately falls down and falls asleep. It sleeps the whole day. In the evening Robert comes and Ann tells him the story about the hamster. Robert and Ann laugh loudly and the hamster Willy wakes up and stares at them.

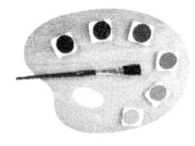

3

Un rescatador
A rescuer

A

Palabras
Words

1. algunos - some
2. amigo - friend
3. árbol - tree
4. ataca - attacks
5. atrás - back
6. cabeza - head
7. caminando - walking
8. comida - food
9. comprende - understand
10. corre - runs
11. correa - leash
12. cuando - as
13. cuidas - care
14. después - after
15. en - on
16. encontrarse - meet
17. facultad - college
18. familiar - relative
19. footing - jogging
20. fuera - were
21. furiosamente - furiously
22. furioso - furious
23. gato - cat
24. grita - cries
25. gruñe - growls
26. gruñido - growl
27. guepardo - cheetah
28. hacia - towards
29. hora - time
30. inclinada - tilted
31. lado - side
32. llama - calls
33. llamado - called
34. mañana - morning

35. más cercano - nearest
36. mascotas - pets
37. momento - moment
38. morder - bite
39. necesita - needs
40. niña - girl
41. no puedo - can't
42. nombre - name
43. otro - another
44. parque - park
45. Perdone - Excuse
46. perro - dog
47. pregunta - asks
48. primero - first
49. problema - problem
50. propietarios - owners
51. quiere - loves

52. rama - branch
53. rápidamente - quickly
54. rescatador - rescuer
55. rica - tasty
56. salta - jumps
57. se olvida - forgets
58. si - if
59. silenciosamente - quietly
60. su - his, their
61. sujetar - hold
62. supermercado - supermarket
63. trepa - climbs
64. va - going
65. valiente - brave
66. vecino - neighboring
67. velocidad - speed
68. vigila - watches

B

Un rescatador

El amigo de Robert, David, también tiene un gato. Quiere mucho a su gato. Su gato se llama Mars. David lo llama "Compañero." David va al supermercado todos los días después de la facultad y compra comida rica para el gato. Un día Robert le dice a David: "Cuidas a tu gato como si fuera un familiar."

David sonríe y cuenta su historia. David va a hacer footing al parque vecino todos los días por la mañana. Los propietarios de mascotas están paseando a sus mascotas por el parque a esa hora. Una vez David ve a una niña pequeña corriendo hacia él con un perro grande de la correa.

"¡Señor, señor!" grita la niña. David cree que la niña tiene un problema y que necesita ayuda. Va rápidamente a encontrarse con la niña del perro.

"¿Qué ha ocurrido?" pregunta David. La niña y el perro corren hacia David.

"Perdóneme, señor, ¡pero mi perro va a morderle ahora mismo! No puedo sujetarlo hacia atrás," dice la niña. Primero David no comprende qué está pasando. Pero cuando el perro lo ataca y gruñe furiosamente, David corre hasta el árbol más cercano con la rapidez de un guepardo. En ese momento un gran gato salta del árbol y corre hacia un lado. El perro se olvida de David

A rescuer

Robert's friend David has a cat too. He loves his cat very much. His cat's name is Mars. David calls him "Buddy." David comes into the supermarket every day after college and buys some tasty food for the cat. One day Robert says to David: "You care about your cat as if he were a relative."

David smiles and tells his story. David goes jogging in the neighboring park every day in the morning. Pet owners are walking their pets in the park at this time. One time David sees a little girl running towards him with a big dog on a leash.

"Mister, Mister!" the girl cries. David thinks that the girl has a problem and she needs help. He goes quickly to meet the girl with the dog.

"What happened?" David asks. The girl and the dog run up to David.

"Excuse me, Mister, but my dog will bite you right now! I can't hold it back," the girl says. At first David doesn't understand what is going on. But when the dog attacks him and furiously growls, David runs to the nearest tree with the speed of a cheetah. At this moment a big cat jumps down from the tree and runs to the side. The dog forgets about

16

inmediatamente y persigue al gato con un gruñido. El gato rápidamente corre hasta otro árbol y trepa por él. El perro salta con un gruñido furioso, pero no puede alcanzar al gato que está en el árbol. Entonces el gato se acuesta tranquilamente sobre una rama y, con la cabeza inclinada hacia un lado, vigila silenciosamente hacia el perro. Este valiente gato ahora se llama Mars.

David immediately and chases the cat with a growl. The cat quickly runs to another tree and climbs it. The dog jumps with a furious growl, but can't get the cat in the tree. Then the cat lies down quietly on a branch and, with his head tilted to the side, quietly watches the dog. This brave cat is now called Mars.

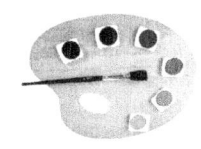

4

Una niñera con rabo
A nanny with a tail

A

Palabras
Words

1. acariciando - petting
2. además - besides
3. algún sitio - somewhere
4. apartamento - apartment
5. ascensor - elevator
6. aunque - although
7. ayuda - helps
8. caza - catches
9. coge - takes
10. comida - lunch
11. comprende - understands
12. cree - believes
13. décimo - tenth
14. deja - let
15. entornada - ajar
16. escaleras - stairs
17. estar - living
18. hacer - do
19. haciendo - doing
20. hijo - son
21. inquieto - restless
22. joven - young
23. juega - plays
24. más gordo - fatter
25. maúlla - meows
26. mujer - woman

27. niño - child
28. nunca - never
29. obediente - obedient
30. pájaros - birds
31. pequeño - small
32. pidiendo - asking
33. placer - pleasure
34. poniendo - getting
35. puerta - door
36. rabo - tail
37. ratones - mice
38. se da cuenta - notices
39. sofá - couch
40. suelo - floor
41. tareas - chores
42. tranquilo - calm
43. últimamente - lately
44. usa - uses
45. vive - lives
46. vuelve - returns

B

Una niñera con rabo

El gato Mars es muy obediente y calmado. Aunque últimamente siempre se está escapando a algún sitio. David se da cuenta de que Mars se está poniendo cada día más gordo. David cree que el gato caza pájaros y ratones. Un día David vuelve a casa; vive en el décimo piso, pero nunca usa el ascensor. Sube por las escaleras y ve que la puerta de un apartamento vecino está entornada. David ve a una mujer joven limpiando el suelo en la sala de estar. La conoce, se llama María. Un niño pequeño está sentado en el sofá de la sala de estar acariciando al gato Mars. Mars maúlla con placer.
"Buen día, María. Perdona, ¿qué está haciendo mi gato en tu casa?" pregunta David a la mujer.
"Buen día, David. Ves, mi hijo es muy inquieto. No me deja hacer las tareas. Mi hijo siempre me está pidiendo que juegue con él. Tu gato me ayuda. Juega con mi hijo," Responde María. David se ríe.
"Además, ¡siempre obtiene de mí una rica comida!" dice la mujer. David comprende ahora por qué su gato está engordando cada día más.

A nanny with a tail

The cat Mars is very obedient and calm. Although lately it is always running off somewhere. David notices that Mars is getting fatter every day. David believes that the cat catches birds and mice. One day David returns home; he lives on the tenth floor, but never uses an elevator. He takes the stairs up and sees that a door to a neighboring apartment is ajar. David sees a young woman cleaning the floor in the living room. David knows her. Her name is Maria. A small child is sitting on the couch in the living room and petting the cat Mars. Mars meows with pleasure.
"Good day, Maria. Excuse me, what is my cat doing at your place?" David asks the woman.
"Good day, David. You see, my child is very restless. He doesn't let me do chores. My son is always asking me to play with him. Your cat helps me. It plays with my son," Maria answers. David laughs.
"Besides, he always gets a tasty lunch from me!" the woman says. David understands now why his cat is getting fatter and fatter every day.

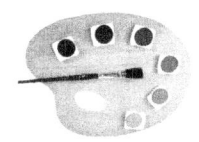

5

Un gato parlante
A talking cat

A

Palabras
Words

1. además - moreover
2. alguien - someone
3. alimenta - feed
4. alrededor - around
5. amable - kind
6. anciana - old
7. aprieta - presses
8. asustada - frightened, scared
9. atenta - attentively
10. cabeza - mind
11. cae - fall
12. cansada - tired
13. cierto - true
14. claramente - distinctly
15. con descontento - discontentedly
16. contrata - hire
17. convence - convinces
18. da - gives
19. de muñecas - doll's
20. de repente - suddenly
21. decide - decides
22. directamente - directly
23. duda - doubt
24. ellos - they
25. empieza - begins
26. escucha - hears
27. escuchar - hear
28. escuchó - heard

29. esquina - corner
30. está tumbado - lies
31. exigente - demanding
32. frase - phrase
33. gustan - loves
34. habla - speaks
35. hablan - speak
36. hablando - talking
37. hasta - till
38. humana - human
39. ir - go
40. jugando - playing
41. más - anymore
42. mientras - while
43. mirando - glancing
44. mirando - looking
45. misma - same
46. muñeca - doll
47. nadie - nobody
48. niñera - nanny
49. niños - children
50. pide - demands
51. precaución - caution
52. primero - first
53. pronto - soon
54. repite - repeats
55. salta - jumps
56. satisfecho - satisfied
57. se queda - stays
58. se santigua - crosses
59. sigue - keeps
60. sueño - dream
61. tono - tone
62. trabajando - working
63. voz - voice
64. vuelve - turns

B

Un gato parlante

A talking cat

Un día María decide contratar a una niñera para su hijo. La nueva niñera es una amable anciana. Quiere mucho a los niños. El primer día de trabajo en casa de María, la niñera se queda en casa con el niño. Solo el gato Mars está con ellos. Después de caminar y jugar, la niñera se lleva al niño a la cama. Está cansada y también decide irse a dormir. Pero tan pronto como empieza a quedarse dormida, de repente alguien dice fuertemente desde la esquina de la habitación: "¡Aliméntame!" La niñera salta de la sorpresa. Mira a su alrededor - allí no hay nadie. Solo el gato Mars está tumbado en la esquina en una cama de muñecas. El gato Mars está mirando atentamente a la niñera con descontento. La niñera decide que fue un sueño y quiere volver a dormir. Pero entonces desde el mismo rincón claramente escucha de nuevo: "¡Quiero comer!" La niñera vuelve la cabeza - el gato la está mirando atentamente y con descontento directamente a ella. La anciana se asusta. Mira al gato durante un rato, cuando de repente se oye otra vez la exigente voz: "¡Dame algo de comer!" Ella se santigua, por si acaso, y va a la cocina. Le da un poco de comida al gato. Ella

One day Maria decides to hire a nanny for her child. The new nanny is a kind old woman. She loves children very much. On the first day of working at Maria's, the nanny stays at home with the child. Only Mars the cat is with them. After walking and playing, the nanny takes the child to bed. She is tired and decides to go to sleep also. But as soon as she begins to fall asleep, suddenly someone says loudly in the corner of the room: "Feed me!" The nanny jumps up in surprise. She looks around - there is nobody there. Only the cat Mars lies in the corner in a doll's bed. The cat Mars is looking at the nanny discontentedly. The nanny decides that it was a dream and she wants to go back to sleep. But then from the same corner she distinctly hears again: "I want to eat!" The nanny turns her head - the cat is looking attentively and discontentedly directly at her. The old woman gets scared. She looks at the cat for a while, when suddenly the demanding voice is heard from him again: "Give me something to eat!" She crosses herself, just in case, and goes to the kitchen. She gives some food to the cat. She keeps glancing with caution at the cat Mars

sigue vigilando con precaución al gato Mars hasta la noche. Pero el satisfecho gato duerme y no habla más.

María vuelve a casa por la noche y la anciana le cuenta en tono asustado que el gato habla con voz humana y pide comida. María está muy sorprendida. Empieza a dudar de que la nueva niñera esté bien de la cabeza. Pero la niñera la convence de que es cierto.

"¡Así es cómo fue!" dice la niñera, "Aquí, en esta esquina, en la cama de muñecas, ¡el gato se sienta y me dice 'dame algo de comer'! ¡Además lo repite!" dice la niñera.

Y de repente María comprende qué ocurrió. Va a la cama de muñecas y coge una pequeña muñeca. María la aprieta y escuchan la misma frase: "¡Quiero comer!"

till the evening. But the satisfied cat sleeps and does not speak anymore.

Maria comes back home in the evening and the old woman tells her in a frightened tone that the cat speaks in a human voice and demands food. Maria is very surprised. She begins to doubt that the new nanny is in her right mind. But the nanny convinces her that it is true.

"That's how it was!" the nanny says, "Here in this corner, in the doll's bed, the cat sits and says to me 'give me something to eat'! Moreover it repeats it!" the nanny says.

And suddenly Maria understands what happened. She comes to the doll's bed and takes a small doll from it. Maria presses the doll and they hear the same phrase: "I want to eat!"

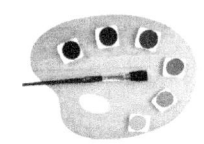

6

Invitado somnoliento
Sleepy guest

A

Palabras
Words

1. adjuntada - attached
2. amarillo - yellow
3. años - years
4. bien alimentado - well-fed
5. bonito - fine
6. collar - collar
7. continuó - continued
8. curioso - curious
9. del perro - dog's
10. despacio - slowly
11. días - days
12. donde - where
13. está - it's
14. estudios - studies
15. finalmente - finally
16. intentando - trying
17. invitado - guest
18. mañana - tomorrow
19. mediados - middle
20. no están - aren't
21. noche - night
22. nota - note
23. otoño - autumn
24. paseo - walk
25. patio - yard
26. quién - who
27. ramillete - bunch
28. recoger - gather
29. respuesta - answer
30. saber - know
31. se acerca - approaches
32. seis - six

33. ser/estar - be
34. sigue - follows
35. siguiente - following
36. sin hogar - homeless
37. somnoliento - sleepy
38. tener - take

39. tiempo - weather
40. todavía - yet
41. tres - three
42. universidad - university
43. varios - several
44. venir - coming

B

Invitado somnoliento

Como suele hacer tras sus estudios en la universidad, Robert sale al exterior a dar un paseo. El tiempo es bueno hoy. Es justamente mediados de otoño. Robert decide recoger un ramillete de hojas amarillas. De repente ve a un viejo perro que entra en el patio. Parece muy cansado. Tiene puesto un collar y está muy bien alimentado. Así que Robert decide que no está sin hogar y que lo cuidan bien. El perro se acerca a Robert silenciosamente. Robert le acaricia la cabeza. Robert ya debería volver a casa. El perro lo sigue. Entra en la casa; despacio, entra en la habitación de Robert. A continuación se acuesta en el rincón y se queda dormido.

Al día siguiente el perro vuelve a venir. Se acerca a Robert en el patio. Después vuelve a entrar en la casa y se queda dormido en el mismo lugar. Duerme durante aproximadamente tres horas. Luego se levanta y se va a alguna parte.

Esto continuó durante varios días. Finalmente a Robert le entró la curiosidad y adjuntó una nota en el collar del perro con lo siguiente: "Me gustaría saber quién es el dueño de este bonito perro y si sabe que viene a mi casa casi todos los días a dormir."

Al día siguiente el perro vuelve otra vez, y la siguiente respuesta está adjuntada al collar: "Vive en una casa donde hay seis niños, y dos de ellos todavía no tienen tres años. Solo está intentando tener una buena noche de sueño en algún sitio. ¿Puedo yo también venir mañana?"

Sleepy guest

As usual after his studies at the university, Robert goes outside to take a walk. The weather is good today. It's just the middle of autumn. Robert decides to gather a bunch of yellow leaves. Suddenly he sees an old dog coming into the yard. It looks very tired. It has a collar on and it is very well-fed. So Robert decides that it is not homeless and that they look after it well. The dog approaches Robert quietly. Robert pets it on the head. Robert should be going back home already. The dog follows him. It comes into the house; slowly comes into Robert's room. Then it lies down in the corner and falls asleep.

The next day the dog comes again. It approaches Robert in the yard. Then it goes into the house again and falls asleep in the same place. It sleeps for about three hours. Then it gets up and goes away somewhere.

This continued for several days. Finally Robert became curious, and he attached a note to the dog's collar with the following: "I would like to know who is the owner of this fine dog, and if he knows that the dog comes to my place almost every day to sleep?"

The next day the dog comes again, and the following answer is attached to its collar: "It lives in a house where there are six children, and two of them aren't three years old yet. It is just trying to get a good night's sleep somewhere. Can I also come to you tomorrow?"

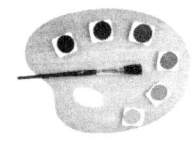

7

El perro no es culpable
The dog isn't guilty

A

Palabras
Words

1. animadamente - cheerfully
2. año - year
3. arquitecto - architect
4. biblioteca - library
5. bosque - forest
6. brilla - shining
7. cabina - cabin
8. cafetería - café
9. cantan - sing
10. cantando - singing
11. casado - married
12. casaron - got
13. cestos - baskets
14. champiñón - mushroom
15. coche - car
16. colegio - school
17. colgando - hanging
18. con - with
19. con entusiasmo - excitedly
20. conduce - drives
21. construcción - building
22. culpable - guilty
23. de todas formas - anyway
24. domingo - Sunday
25. echa de menos - misses
26. empresa - firm
27. encierran - lock
28. encontrado - found
29. estado - been
30. faltan - missing
31. familia - family
32. hace - ago
33. hermana - sister
34. horas - hours

35. ladra - barks
36. ladró - barked
37. madre - mother
38. mamá - mom
39. marido - husband
40. medianos - medium-sized
41. menor - younger
42. miembros - members
43. música - music
44. nos - us
45. ocho - eight
46. por - through
47. quedarte - stay
48. recogen - pick
49. robado - stolen
50. se acercan - approach
51. secretaria - secretary
52. sol - sun
53. todos - everybody
54. trabaja - works
55. ventanilla - window
56. vigilar - watch

B

El perro no es culpable

David va a la biblioteca después de la facultad. Se reúne con sus amigos en una cafetería por las noches. La hermana menor de David, Nancy, ya tiene ocho años. Estudia en el colegio. La madre de David, Linda, trabaja de secretaria. Su marido Christian es arquitecto en una empresa de construcción. Christian y Linda se casaron hace un año. David tiene un gato llamado Mars y un perro, Baron.
Hoy es domingo. David, Nancy, Linda, Christian y Baron van al bosque a recoger champiñones. David conduce. En el coche suena música. El padre y la madre cantan. Baron ladra animadamente.
Entonces el coche se detiene. Baron sale del coche de un salto y corre hacia el bosque. Salta y juega.
"Baron, tú deberías quedarte aquí," dice David, "Deberías vigilar el coche. Y nosotros iremos al bosque."
Baron mira tristemente a David, pero de todas formas va al coche. Lo encierran en el coche. La madre, el padre, David y Nancy cogen cestos y van a recoger champiñones. Baron mira por la ventanilla.
"Es bueno que tengamos a Baron. Vigila el coche y nosotros no tenemos que preocuparnos," dice el padre.
"Baron es un perro valiente," dice David.
"Hace buen tiempo hoy," dice la madre.
"¡He encontrado el primer champiñón!" grita Nancy. Todos empiezan a recoger champiñones

The dog isn't guilty

David goes to the library after college. He meets his friends in a café in the evenings. David's younger sister Nancy is already eight years old. She studies at school. David's mom, Linda, works as a secretary. Her husband Christian works as an architect at a building firm. Christian and Linda got married a year ago. David has a cat named Mars and a dog, Baron.
It is Sunday today. David, Nancy, Linda, Christian and Baron go to the forest to pick mushrooms. David drives. Music plays in the car. The father and the mother sing. Baron barks cheerfully.

Then the car stops. Baron jumps out of the car and runs to the forest. It jumps and plays.

"Baron, you should stay here," David says, "You should watch the car. And we will go to the forest."
Baron looks sadly at David, but goes to the car anyway. They lock him in the car. The mother, the father, David and Nancy take baskets and go to pick mushrooms. Baron looks out through the car window.
"It is good that we have Baron. He watches the car and we don't need to worry," the father says.

"Baron is a brave dog," David says.
"The weather is good today," the mother says.
"I have found the first mushroom!" Nancy cries. Everybody starts to gather mushrooms excitedly.

con entusiasmo. Todos los miembros de la familia están de buen humor. Los pájaros cantan, brilla el sol. David solo reúne champiñones grandes. Madre reúne champiñones pequeños y medianos. El padre y Nancy reúnen champiñones grandes, pequeños y medianos. Recogen champiñones durante dos horas.

"Tenemos que volver al coche. Baron nos echa de menos," dice el padre. Todos van al coche. Se acercan al coche.

"¿Qué es esto?" grita Nancy. ¡Al coche le faltan las ruedas! ¡Han robado las ruedas! El perro está sentado en la cabina y mira a su familia con mirada temerosa. Hay una nota colgando de la ventanilla: "El perro no tiene la culpa. ¡Ladró!"

All members of the family are in a good mood. The birds are singing, the sun is shining. David gathers only big mushrooms. Mother gathers small and medium-sized ones. The father and Nancy gather big, small and medium-sized mushrooms. They pick mushrooms for two hours.

"We have to go back to the car. Baron misses us," the father says. Everybody goes to the car. They approach the car.

"What is this?" Nancy cries. The car is missing its wheels! The wheels have been stolen! The dog is sitting in the cabin and looking at his family with a frightened look. A note is hanging on the window: "The dog isn't guilty. It barked!"

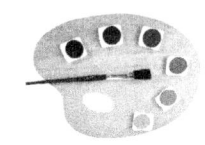

8

Las maletas
The suitcases

A

Palabras
Words

1. bolsa - bag
2. cena - dinner
3. ciudad - city
4. cogió - took
5. cómo - how
6. compartimento - compartment
7. de acuerdo - OK
8. descansa - rest
9. equipaje - luggage
10. estación - station
11. explica - explains
12. historias - stories
13. jardín - garden
14. juntos - together
15. lee - reads
16. lejos - far
17. libros - books
18. llaman - call
19. llegan - arrive
20. lleva - carries
21. llevan - carry
22. maletas - suitcases
23. mes - month
24. pensó - thought
25. pescar - fishing
26. plataforma - platform

27. preparando - preparing
28. presenta - introduces
29. próximo - next
30. río - river
31. seguras - sure
32. setenta - seventy
33. situación - situation
34. solo - alone
35. taxi - taxi
36. té - tea
37. temprano - early
38. tenía - had
39. tío - uncle
40. triste - sad
41. vender - sell
42. verano - summer
43. verduras - vegetables
44. vida - life

B

Las maletas

Cada verano David va a visitar a su tío Philippe. El tío Philippe vive solo. Tiene setenta años. David y el tío Philippe suelen ir a pescar al río temprano por la mañana. Luego David ayuda al tío a recoger fruta y verduras en el jardín. Después de comer David descansa y lee libros. David y el tío Philippe llevan fruta a vender por las noches. A continuación cenan y hablan juntos. El tío Philippe le cuenta a David historias sobre su vida. David suele quedarse en casa de tío Philippe un mes y después vuelve a casa.

David está volviendo a casa en bus este verano. Va sentado al lado de una chica en el bus. David se presenta a la chica. La chica se llama Ann. Ann vive en la misma ciudad que David. Pero Ann vive lejos de su casa. Llegan a la ciudad. David ayuda a Ann a sacar sus maletas del compartimento de equipaje. Ann coge dos maletas. David le ayuda y coge las maletas.

"Ann, te acompañaré a casa," dice David.
"De acuerdo. Pero vives lejos de mí," responde Ann.
"No importa, tomaré un taxi," responde David. David y Ann caminan por la ciudad nocturna y hablan. Llegan a casa de Ann. David lleva las maletas al interior de la casa. Ann le presenta a David a su mamá.
"Mamá, este es David. David me ayudó a llevar las maletas," dice Ann.
"Buenas noches," dice David.
"Buenas noches," responde la mamá de Ann, "¿Te gustaría tomar un té?"
"No, gracias. Tengo que irme," dice David. Se

The suitcases

Every summer, David goes to visit his uncle Philippe. Uncle Philippe lives alone. He is seventy years old. David and uncle Philippe usually go fishing in the river early in the morning. Then David helps the uncle gather fruit and vegetables in the garden. After lunch David has a rest and reads books. David and uncle Philippe take fruit to sell in the evenings. Then they have dinner and talk together. Uncle Philippe tells David stories about his life. David usually stays at uncle Philippe's for a month and then goes back home.

David is coming home from uncle Philippe's by bus this summer. He is sitting next to a girl on the bus. David gets acquainted with the girl. Her name is Ann. Ann lives in the same city as David does. But Ann lives far away from his house. They arrive in the city. David helps Ann to get her bags from the luggage compartment. Ann gets two suitcases. David helps her and takes the suitcases.
"Ann, I'll walk you home," David says.
"OK. But you live far from me," Ann answers.

"Never mind, I'll take a taxi," David answers. David and Ann walk through the evening city and talk. They come to Ann's house. David carries the bags into the house. Ann introduces David to her mom.
"Mom, this is David. David helped me to carry the bags," Ann says.
"Good evening," David says.
"Good evening," Ann's mom answers, "Would you like some tea?"
"No, thanks. I have to go," David says. He is

29

está preparando para marcharse.
"David, no te olvides de tus maletas," dice la mamá de Ann. David mira hacia Ann y su mamá con sorpresa.
"¿Cómo es eso? ¿No son estas tus maletas?" pregunta David a Ann.
"Creí que estas eran tus maletas," responde Ann. Cuando Ann estaba sacando su bolsa del compartimento de equipaje, sacó las dos maletas. David pensó que eran las maletas de Ann. Y Ann pensó que eran las de David.
"¿Qué hacemos?" dice David.
"Deberíamos ir a la estación," responde Ann, "Y devolver las maletas."
Ann y David llaman un taxi y llegan a la estación. Allí ven a dos chicas tristes sobre la plataforma. David y Ann se acercan a las chicas.
"Perdonad, ¿son estas vuestras maletas?" pregunta David, y les explica toda la situación. Las chicas ríen. Estaban seguras de que les habían robado las maletas.

preparing to leave.
"David, do not forget your suitcases," Ann's mom says. David looks at Ann and her mom in surprise.
"How's that? Aren't these your suitcases?" David asks Ann.

"I thought these were your suitcases," Ann answers. When Ann was getting her bag from the luggage compartment, she took the two suitcases out. David thought that these were Ann's suitcases. And Ann thought they were David's.
"What shall we do?" David says.
"We should go to the station," Ann answers, "And take back the suitcases."
Ann and David call a taxi and arrive to the station. There they see two sad girls on the platform. David and Ann come up to the girls.
"Excuse me, are these your suitcases?" David asks and explains all the situation to them. The girls laugh. They were sure that their suitcases had been stolen.

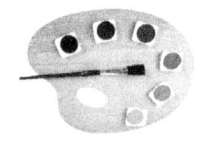

9

Profesor Leónidas
Professor Leonidas

A

Palabras
Words

1. aprendió - learned
2. asignatura - subject
3. asistir - attend
4. atrevida - daring
5. aunque - though
6. cabello - hair
7. ceño - frown
8. colegas - colleagues
9. con entusiasmo - emotionally
10. da clase - lectures
11. dedo - finger
12. departamento - department
13. difíciles - difficult
14. dios - god
15. en silencio - silent
16. enamora - fell
17. enseña - teaches
18. entra - enters
19. entrevistar - quiz
20. Esparta - Sparta
21. esperando - waiting
22. estudiante - student

23. examen - test
24. famosos - famous
25. gran - great
26. Grecia - Greece
27. historia - history
28. largo - long
29. magnífico - magnificent
30. más fuerte - loudest
31. mote - nickname
32. nacional - national
33. negro - black
34. no era - wasn't
35. notas - marks
36. ojos - eyes
37. ordena - collects
38. pensamientos - thoughts
39. perfectamente - perfectly
40. periodismo - journalism
41. pista - hint
42. plato - dish
43. pocos - few
44. preguntas - questions
45. prepara - prepare
46. principales - main
47. probablemente - probably
48. profesor - professor
49. pupitre - desk
50. raramente - rarely
51. rey - king
52. secretamente - secretly
53. señala - points
54. siente - feel
55. silla - chair
56. suposición - guess
57. tarea - assignment
58. te refieres - mean
59. techo - ceiling
60. Zeus - Zeus

B

Profesor Leónidas

David estudia en el departamento de periodismo de la facultad. El profesor Leónidas enseña en el departamento de periodismo. Es griego y enseña historia. El profesor Leónidas tiene el mote de Zeus porque da clase con mucho entusiasmo y tiene un magnífico cabello largo y grandes ojos negros.
Hoy David tiene examen de historia. Le gusta la asignatura. Lee mucho y siempre saca buenas notas.
David entra en el aula y coge la tarea de examen. Se sienta en el pupitre y hace la tarea. Las preguntas no son difíciles. Lena se sienta al lado de David. Lena raramente asiste a las clases del profesor Leónidas. A Lena no le gusta la historia. Está esperando su turno. Luego Lena va hasta el pupitre del profesor Leónidas y se sienta en una silla.
"Estas son mis respuestas a las preguntas," dice Lena al profesor, y le entrega la tarea de examen.
"Bien," el profesor mira a Lena. Se acuerda perfectamente de que Lena no asiste a sus clases, "Lena es probablemente una buena estudiante y estudia bastante," piensa el profesor Leónidas.

Professor Leonidas

David studies at the journalism department at college. Professor Leonidas teaches at the journalism department. He is Greek and teaches history. Professor Leonidas has the nickname Zeus because he lectures very emotionally and has magnificent long hair and big black eyes.
Today David has a test in history. He likes the subject. He reads a lot and always gets good marks.
David enters the room and takes a test assignment. He sits down at the desk and does the assignment. The questions aren't difficult. Lena sits next to David. Lena rarely attends professor Leonidas's lectures. Lena doesn't like history. She is waiting for her turn. Then Lena goes to professor Leonidas's desk and sits down on a chair.
"These are my answers to the questions," Lena says to the professor and gives him the test assignment.
"Well," the professor looks at Lena. He remembers perfectly that Lena doesn't attend his lectures, "Lena is probably a good student

Pero aún así quiere entrevistar a la chica.

"Lena, ¿Quién es el principal dios griego?" pregunta el profesor. Lena se queda en silencio. No lo sabe. El profesor Leónidas está esperando. Julia se sienta en el pupitre de delante. Julia quiere darle una pista. Lena mira hacia Julia. Y Julia secretamente señala con un dedo al profesor Leónidas.

"Leónidas es el principal dios griego," dice Lena. Los estudiantes se parten de risa. El profesor Leónidas la mira con el ceño fruncido. A continuación mira hacia el techo y ordena sus pensamientos.

"Si te refieres a Leónidas, el rey de Esparta, no era un dios. Aunque también fue un gran griego. Si te refieres a mí, entonces me siento como un dios solamente en mi cocina, cuando preparo un plato nacional griego," el profesor Leónidas mira a Lena atentamente, "Pero en cualquier caso, gracias por tu atrevida suposición."

El profesor Leónidas les cuenta a sus colegas unos pocos días después que él es el principal dios griego. El profesor se ríe más fuerte que nadie. Y Lena aprendió los nombres de todos los griegos más famosos y se enamoró de la historia de Grecia.

and studies well," professor Leonidas thinks. But he still wants to quiz the girl.

"Lena, who is the main Greek god?" the professor asks. Lena is silent. She doesn't know. Professor Leonidas is waiting. Julia sits at the front desk. Julia wants to give her a hint. Lena looks at Julia. And Julia secretly points a finger at professor Leonidas.

"Leonidas is the main Greek god," Lena says. The students laugh out. Professor Leonidas looks at her with a frown. Then he looks at the ceiling and collects his thoughts.

"If you mean Leonidas, the king of Sparta, he wasn't a god. Though he also was a great Greek. If you mean me, then I feel like a god only in my kitchen when I prepare a national Greek dish," professor Leonidas looks at Lena attentively, "But anyway thank you for the daring guess."

Professor Leonidas tells his colleagues a few days later, that he is the main Greek god. The professor laughs loudest of all. And Lena learned the names of all the most famous Greeks and fell in love with the history of Greece.

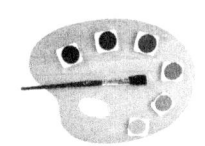

10

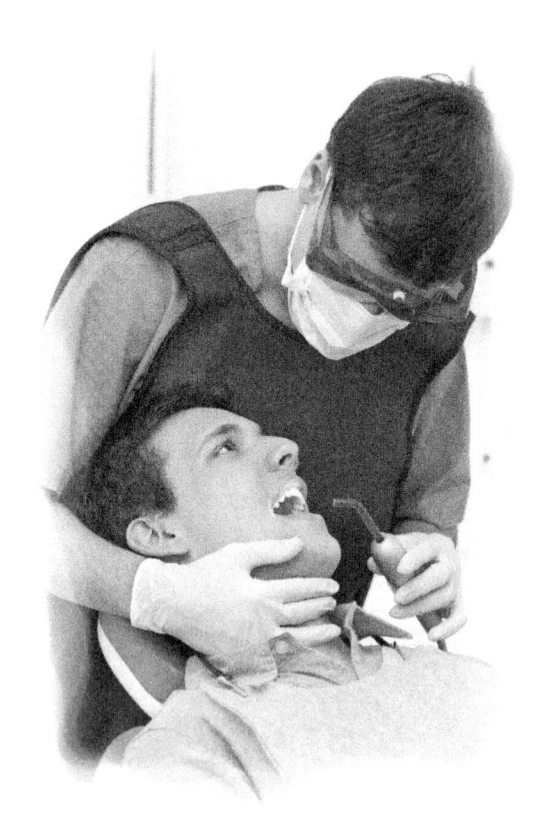

En el dentista
At the dentist

A

Palabras
Words

1. abierta - open
2. antes - before
3. antes - earlier
4. arreglar - fix
5. boca - mouth
6. cerrar - close
7. clase - classes
8. cliente - client
9. con satisfacción - contentedly
10. conocido - met
11. construcción - construction
12. constructores - builders
13. consulta - surgery
14. correctamente - correctly
15. de constructor - builder's
16. de nada - welcome
17. defecto - defect
18. dental - dental
19. dentista - dentist
20. diente - tooth
21. doctor - doctor
22. dolor de muelas - toothache

34

23. eliminar - eliminate
24. empresa - company
25. escribe - writes
26. está de acuerdo - agrees
27. golpea - hits
28. hospital - hospital
29. instalar - install
30. jefe - chief
31. ligeramente - slightly
32. mal - badly
33. mandíbula - jaw
34. manos - hands
35. mucho - widely
36. nada - anything
37. pérdida - loss
38. por favor - please
39. porque - because
40. que - than
41. recuerda - recalls
42. se lava - washes
43. se sienta - sits
44. solicitar - apply
45. términos - terms
46. trabajo - job
47. trata - treats

B

En el dentista

At the dentist

David tiene un amigo llamado Víctor. David y Víctor han sido amigos mucho tiempo. Víctor trabaja en una empresa de construcción. Instala puertas en apartamentos nuevos. A Víctor no le gusta su trabajo. Quiere estudiar en la facultad también. Víctor sale más temprano del trabajo porque asiste a la escuela nocturna. Se prepara para solicitar plaza en la facultad. Pero Víctor le pide a su jefe hoy que le deje salir no para ir a clase, sino al hospital. Víctor tiene dolor de muelas. Ha tenido dolor de muelas durante dos días. Llega al hospital y entra en la consulta dental.
"¡Hola, doctor!" dice Víctor.
"¡Hola!" responde el doctor.
"Doctor, me parece que nos hemos conocido antes," dice Víctor.
"Puede ser," responde el doctor. Víctor se sienta en una silla y abre mucho la boca El doctor trata el diente de Víctor. Todo va bien. El doctor se lava las manos y dice: "Su diente ahora ya está sano. Puede irse."
Pero Víctor no puede decir nada porque su boca no se cierra. Víctor señala su boca.
"Ya veo," dice el doctor, "¡No se preocupe! En términos de constructor, esto se llama defecto. Puedo arreglar este defecto mañana," contesta el doctor.
En ese momento Víctor recuerda que el doctor es cliente de su empresa. Víctor instaló mal una

David has a friend named Victor. David and Victor have been friends for a long time. Victor works at a construction company. He installs doors in new apartments. Victor doesn't like his job. He wants to study at college, too. Victor leaves work earlier because he attends evening school. He prepares to apply to college. But Victor asks his chief today to let him go not to the classes, but to the hospital. Victor has a toothache. He has had a toothache for two days. He arrives at the hospital and comes into the dental surgery.
"Hello, doctor!" Victor says.
"Hello!" the doctor answers.
"Doctor, it seems to me that we have met somewhere before," Victor says.
"Maybe," the doctor answers. Victor sits down in a chair and widely opens his mouth. The doctor treats Victor's tooth. Everything goes well. The doctor washes his hands and says: "Your tooth is healthy now. You can go."

But Victor can't say anything because his mouth doesn't close. Victor points to the mouth.
"I see," the doctor says, "Don't get upset! In builder's terms, this is called a defect. I can fix this defect tomorrow," the doctor answers.

At this moment Victor recalls that the doctor is a client of their company. Victor badly installed a

puerta en casa del doctor. La puerta del doctor no se cierra. Víctor escribe una nota al doctor: "Iré a su casa ahora mismo e instalaré la puerta correctamente."

El doctor está de acuerdo. Víctor y el doctor toman un taxi. Víctor se sienta en el taxi con la boca abierta y mira tristemente por la ventanilla. Llegan a la casa del doctor. Víctor arregla el defecto con la boca abierta. El doctor no se lo agradece a Víctor. Golpea ligeramente a Víctor en la mandíbula y la boca se le cierra. Víctor está feliz.

"¡Gracias, doctor!" le dice al doctor, "Usted elimina los defectos mejor que los constructores. Lo hace sin pérdida de tiempo," dice Víctor.

"De nada," dice el doctor con satisfacción, "Venga cuando necesite ayuda, por favor."

door at the doctor's. The doctor's door doesn't close. Victor writes a note to the doctor: "I'll come to your place right now and install the door correctly."

The doctor agrees. Victor and the doctor take a taxi. Victor sits in the taxi with the open mouth and looks sadly through the car window. They come to the doctor's house. Victor fixes the defect with the open mouth. The doctor doesn't thank Victor. He hits Victor slightly on the jaw and the mouth closes. Victor is happy.

"Thank you, doctor!" he says to the doctor, "You eliminate defects better than builders. You do it without a loss of time," Victor says.

"You're welcome," the doctor says contentedly, "Come when you need help, please."

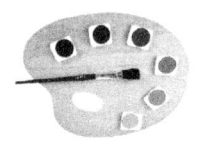

11

¡La justicia triunfa!
Justice triumphs!

A

Palabras
Words

1. a menudo - often
2. aceptable - competent
3. admito - admit
4. alabar - praise
5. alegremente - merrily
6. aparece - appears
7. asombro - amazement
8. astutamente - slyly
9. aula - classroom
10. autor - author
11. aventuras - adventures
12. baja - low
13. cambiar - change
14. chico - guy
15. clase - lesson
16. composición - composition
17. comprobar - check
18. concepto - concept
19. concluye - finishes
20. continúa - continues
21. copiando - copying
22. copié - copied
23. cualquier - anybody
24. cualquier - any
25. cuidadosamente - carefully
26. dado - given
27. decidí - decided
28. desconsideradamente - thoughtlessly
29. descubrir - spot
30. dubitativamente - hesitantly
31. escrito - written
32. escritor - writer

33. especialmente - especially
34. espíritu - spirit
35. estilo - style
36. estrictamente - strictly
37. estropear - spoil
38. excelente - excellent
39. experiencia - experience
40. fácil - easy
41. fácilmente - easily
42. forma - way
43. habla - talks
44. haces la pelota - flatter
45. hagas trampa - cheat
46. hice - did
47. honestamente - honestly
48. impresionado - impressed
49. inglesa - English
50. inteligencia - intelligence
51. inteligente - smart
52. justicia - justice
53. literatura - literature
54. lleva - holds
55. mal - poorly
56. más - more
57. más alta - highest
58. mereció - deserved
59. mí mismo - myself
60. miedo - fear
61. nivel - level
62. obra maestra - masterpiece
63. pasa - passes
64. profesor - teacher
65. querido - dear
66. quiere decir - means
67. recuerdas - remind
68. redacciones - essays
69. residencia - dorms
70. se marcharon - left
71. seriamente - seriously
72. suficiente - enough
73. supe - knew
74. tareas - homework
75. tema - theme
76. triunfa - triumphs
77. Twist - twist
78. vago - lazy

B

¡La justicia triunfa!

Justice triumphs!

Robert vive en la residencia. Tiene muchos amigos. Todos estudiantes como él. Pero los profesores saben que a veces Robert es vago. Por eso lo tratan más estrictamente que a otros estudiantes.
Es la primera clase de literatura inglesa para Robert hoy. Los estudiantes estudian cuidadosamente la obra de Charles Dickens. Este escritor se hizo famoso con obras como Las aventuras de Oliver Twist, Dombey e hijo, David Copperfield, etc.
El profesor tiene que revisar las tareas hoy. El profesor entra en el aula. Lleva el trabajo de los estudiantes en las manos.
"Hola. Sentaos, por favor," dice el profesor, "Estoy satisfecho con vuestras redacciones. Me gusta especialmente el trabajo de Robert. Te admito honestamente que nunca he leído un

Robert lives in the dorms. He has a lot of friends. All the students like him. But teachers know that Robert is sometimes lazy. That's why they treat Robert more strictly than other students.
It is Robert's first lesson is English literature today. Students carefully study Charles Dickens's work. This writer became famous with works like The Adventures of Oliver Twist, Dombey and Son, David Copperfield and so on.

The teacher has to check homework essays today. The teacher enters the classroom. He holds the students' work in his hands.
"Hello. Sit down, please," the teacher says, "I am satisfied with your essays. I especially like Robert's work. I admit to you honestly that I have never read a better work about Dickens.

trabajo mejor sobre Dickens. Excelente concepto, escritura aceptable, estilo sencillo. Ni la nota más alta es suficiente en este caso."

Los estudiantes abren la boca con asombro. La gente no suele decir esas cosas sobre Robert. Después el profesor habla sobre otros trabajos, pero no alaba a nadie de la misma manera. Luego entrega los trabajos a los estudiantes. Cuando pasa a Robert, le dice: "Ven a verme después de clase, por favor."

Robert está sorprendido. Va a ver al profesor después de clase. Los estudiantes ya se marcharon del aula.

"Robert, eres buen chico e inteligente," dice el profesor, "Incluso me recuerdas a mí mismo en algunas cosas. Yo también estudié en esta facultad. Y viví en la misma residencia que tú."

Robert no comprende qué quiere decir el profesor. Pero el profesor lo mira astutamente y continúa: "Yo también busqué trabajos de estudiantes antiguos. Pero copié de ellos solo un poquito para sentir el espíritu de un tema. Nunca copié todo desconsideradamente como hiciste tú."

El miedo aparece en los ojos de Robert.

"Eso es, querido. No solo has copiado el trabajo de otra persona, has copiado un trabajo escrito por mí hace mucho tiempo," continúa el profesor.

"¿Entonces por qué me ha dado la nota más alta, profesor?" pregunta Robert dubitativamente.

"¡Porque entonces me dieron una nota baja! ¡Y siempre supe que merecía una nota mucho mejor! ¡¡Y aquí ahora triunfa la justicia!!" ríe el profesor alegremente.

"Cuando estaba copiando su composición, me impresionó el nivel de inteligencia del autor," dice Robert, "así que decidí no cambiar nada para no estropear esta obra maestra, profesor," Robert mira al profesor a los ojos.

"Haces muy mal la pelota, Robert," responde el profesor mirando a Robert seriamente, "Vete y recuerda que cada vez que hagas trampa, yo lo descubriré fácilmente porque he tenido mucha experiencia. ¿Está claro?" concluye el profesor.

Excellent concept, competent writing, easy style. Even the highest mark is not enough here."

Students open their mouths in amazement. People don't often say things like that about Robert. Then the teacher talks about other works, but doesn't praise anybody the same way. Then he hands out the works to the students. When he passes Robert, he says to him: "Come to see me after the lesson, please."

Robert is surprised. He comes up to the teacher after the lesson. Students already left the classroom.

"Robert you're a smart and good guy," the teacher says, "You even remind me of myself in some ways. I also studied in this college. And I stayed in the same dorms as you do."

Robert does not understand what the teacher means. But the teacher looks at him slyly and continues: "I looked for former students' tests too. But I copied from them just a little to feel the spirit of a theme. And I never copied everything thoughtlessly as you did."

A fear appears in Robert's eyes.

"That's it, my dear. You have not only copied somebody else's work, you have copied a work written by me a long time ago," the teacher continues.

"Then why have you given me the highest mark, professor?" Robert asks hesitantly.

"Because then I got a low mark for it! And I always knew that it deserved a much better mark! And here justice triumphs now!!" the teacher laughs merrily.

"When I was copying your composition, I was impressed by the level of intelligence of the author," says Robert, "So I decided not to change anything to not to spoil this masterpiece, professor," Robert looks in the teacher's eyes.

"You flatter very poorly, Robert," the teacher answers looking seriously at Robert, "Go and remember that any time you cheat, I will spot it easily because I have had a lot of experience. Is it clear?" the teacher finishes.

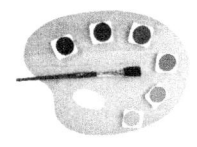

12

¿Dónde está el mar?
Where is the sea?

A

Palabras
Words

1. asiente - nods
2. banco - bench
3. bañador - swimsuit
4. bastante - quite
5. bat - bat
6. calle - street
7. capital - capital
8. carretera - road
9. comida - meal
10. completamente - completely
11. cruce - intersection
12. cumplido - compliment
13. diez - ten
14. diferente - different
15. dirección - directions
16. encontrar - find
17. escucha - listens
18. espera - wait
19. fin de semana - weekend
20. final - end
21. fuimos - went
22. hebreo - Hebrew
23. hecho - paid
24. hombre - man
25. hotel - hotel
26. Jerusalén - Jerusalem
27. lleva - leads
28. mar - sea
29. martes - Tuesday
30. más grande - biggest
31. medio - half
32. mercado - market

33. nadar - swimming
34. padre - dad
35. pasan - past
36. perdido - lost
37. podría - could
38. prepara - cooks
39. pueblo - town
40. reconozco - recognize
41. suerte - luck
42. sugiere - suggests
43. teléfono - telephone
44. tía - aunt
45. timbre de la puerta - doorbell
46. toalla - towel
47. tomar el sol - sunbathing
48. vecino - neighbor
49. veinte - twenty
50. viajando - traveling
51. visitando - visiting

B

¿Dónde está el mar?

Anna, la amiga de David, está viajando a Israel para visitar a su tía y a su tío este verano. La tía se llama Yael, y el nombre del tío es Nathan. Tienen un hijo llamado Ramy. Nathan, Yael y Ramy viven en Jerusalén. Jerusalén es la capital y la ciudad más grande de Israel. A Anna le gusta estar allí. Va al mar todos los fines de semana con su tío y su tía. A Anna le gusta nadar y tomar el sol.
Hoy es martes. El tío Nathan va a trabajar. Es médico. La tía Yael prepara la comida para toda la familia. Anna tiene muchas ganas de ir al mar, pero le da miedo ir sola. Sabe hablar bien inglés, pero no sabe nada de hebreo. Anna tiene miedo de perderse. Oye sonar el timbre de la puerta.
"Es tu amiga Nina," dice la tía Yael. Anna está muy contenta de que su amiga viniera a verla. Nina vive en Kiev. Está visitando a su padre. Su padre es vecino del tío Nathan. Nina habla inglés lo suficientemente bien.
"Vamos al mar," sugiere Nina.
"¿Cómo sabremos el camino?" pregunta Anna.
"Es Israel. Aquí casi todo el mundo habla inglés," responde Nina.
"Espera un minuto, cogeré un bañador y una toalla," dice Anna. Diez minutos más tarde las chicas salen. Un hombre con un niño camina hacia ellas.
"Perdone, ¿cómo podemos ir al mar?" le pregunta Anna en inglés.
"¿Hija del Mar?" pregunta el hombre. Anna está contenta de que el hombre le haga un cumplido. Asiente con la cabeza.

Where is the sea?

Anna, David's friend, is traveling to Israel to visit her aunt and uncle this summer. The aunt's name is Yael, and the uncle's name is Nathan. They have a son named Ramy. Nathan, Yael and Ramy live in Jerusalem. Jerusalem is the capital and the biggest city in Israel. Anna likes it there. She go to the sea every weekend with her uncle and aunt. Anna likes swimming and sunbathing.

Today is Tuesday. Uncle Nathan goes to work. He is a doctor. Aunt Yael cooks a meal for the whole family. Anna wants to go to the sea very much, but she is afraid to go alone. She knows English well, but doesn't know Hebrew at all. Anna is afraid to get lost. She hears the doorbell ring.
"This is your friend Nina," aunt Yael says. Anna is very glad that her friend came to see her. Nina lives in Kiev. She is visiting her father. Her father is uncle Nathan's neighbor. Nina speaks English well enough.
"Let's go to the sea," Nina suggests.
"How will we find our way?" Anna asks.
"It's Israel. Almost everybody here speaks English," Nina answers.
"Wait a minute, I'll take a swimsuit and a towel," Anna says. Ten minutes later the girls go outside. A man with a child walks toward them.
"Excuse me, how can we get to the sea?" Anna asks him in English.
"Daughter of the sea?" the man asks. Anna is glad that the man pays a compliment to her. She nods her head.

"Está bastante lejos. Id hasta el final de la calle y después girad a la derecha. Al llegar al cruce, girad a la derecha otra vez. Buena suerte," dice el hombre.

Anna y Nina caminan durante veinte minutos. Pasan por delante de un mercado. Después pasan por delante de un hotel.

"No reconozco este hotel. Cuando fuimos al mar con mi papá no lo vi," dice Nina.

"Vamos a preguntar la dirección otra vez," propone Anna.

"Este camino lleva al mar, ¿verdad?" pregunta Nina a un vendedor.

"Sí, Hija del Mar," asiente el vendedor.

"Es muy extraño. Nos han hecho a ti y a mí el mismo cumplido dos veces hoy," le dice Anna a Nina. Las chicas están sorprendidas. Caminan por la carretera durante media hora.

"Me parece que ya hemos estado en una calle con el mismo nombre," dice Anna.

"Sí, pero las casas que hay por aquí parecen completamente diferentes," responde Nina.

"¿Podría decirnos cuánto tiempo lleva llegar al mar desde aquí?" pregunta Nina a una mujer con un perro.

"¿Hija del Mar?" pregunta la mujer. Nina está sorprendida. Las mujeres nunca le han hecho cumplidos antes. Asiente.

"Ya estáis aquí," dice la mujer, y sigue andando. Anna y Nina miran a su alrededor. Hay algunas casas a la derecha. A la izquierda hay una carretera.

"¿Dónde está el mar aquí?" pregunta Anna. Nina no responde. Saca su teléfono y llama a su padre. El padre le pide a Nina que le cuente toda la historia. La chica le cuenta todo, después escucha a su padre y se ríe.

"Anna, mi padre dice que llegamos a otra ciudad. Parece que nadie nos hizo cumplidos. Pensaban que íbamos a un pequeño pueblo, llamado Hija del Mar. Es Bat Yam en hebreo," dice Nina. Ahora Anna se ríe también. Las chicas van a un parque y se sientan en un banco. El padre de Nina llega al cabo de una hora y las lleva al mar.

"It is quite far away. Go to the end of the street then turn to the right. When you get to the intersection, turn to the right again. Good luck," the man says.

Anna and Nina walk for twenty minutes. They pass a market. Then they go past a hotel.

"I don't recognize this hotel. When we went to the sea with my dad, I didn't see it," Nina says.

"Let's ask for directions again," Anna suggests.

"This way leads to the sea, doesn't it?" Nina asks a shop salesman.

"Yes, Daughter of the Sea," the salesman nods.

"It is very strange. They have paid you and me the same compliment two times today," Anna says to Nina. The girls are surprised. They walk on along the road for half an hour.

"It seems to me that we have already been on a street with the same name," Anna says.

"Yes, but the houses around look completely different," Nina answers.

"Could you tell us, how long does it take to walk from here to the sea?" Nina asks a woman with a dog.

"Daughter of the sea?" the woman asks. Nina is surprised. Women have never paid her compliments before. She nods.

"You're already here," the woman says and goes on. Anna and Nina look around. There are some houses on the right. There is a road on the left.

"Where is the sea here?" Anna asks. Nina doesn't answer. She takes out her telephone and calls her father. The father asks Nina to tell him all the story. The girl tells him everything, then listens to her father and laughs.

"Anna, my father says that we got to another city. It turns out that nobody paid us any compliments. They thought that we were going to a small town, named Daughter of the Sea. It is Bat Yam in Hebrew," Nina says. Now Anna laughs, too. The girls go to a park and sit down on a bench. Nina's father arrives in an hour and takes them to the sea.

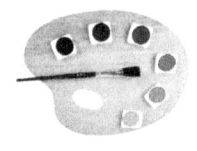

13

Un pequeño trabajo
A small job

A

Palabras
Words

1. al azar - random
2. astuto - sly
3. asuntos - matters
4. atención - attention
5. beben - drink
6. cada - each
7. caprichoso - capricious
8. cocodrilo - crocodile
9. cosa - thing
10. cuarto - fourth
11. deja caer - drops
12. dinero - money
13. divertida - funny
14. durante - during
15. empleado - employee
16. en vez de - instead
17. examen - exam
18. exposición - exhibition
19. ganar - earn
20. guarda - guard
21. importante - important
22. malo - bad
23. más fácil - easier
24. mezclado - mixed
25. mordedor - biting
26. ocupado - busy
27. pelota - ball
28. poco - bit
29. poner - put
30. quinto - fifth
31. segundo - second
32. tarea - task
33. tercero - third
34. una vez - once
35. valiente - brave

Un pequeño trabajo

Una cosa divertida le ocurrió a Robert en el verano. Aquí está lo que pasó. Robert decidió ganar algún dinero como guarda durante el verano. Vigilaba una exposición de gatos. Una vez le asignaron una tarea importante a Robert. Tenía que meter los gatos en jaulas. También tenía que escribir el nombre de cada gato en cada una de las jaulas.

"De acuerdo," dice Robert, "¿Cómo se llaman estos gatos tan bonitos?"

"El gato de la izquierda es Tom, el siguiente es Jerry, Mickey está detrás, Snickers y Baron están a la derecha," le explica un empleado de la exposición. Todos se van y Robert se queda solo con los gatos. Quiere tomar un té. Se bebe el té y mira para los gatos. El primer gato se está limpiando. El segundo está mirando por la ventana. El tercero y el cuarto están paseando por la habitación. Y el quinto gato se acerca a Robert. De repente le muerde en la pierna. Robert deja caer la taza. La pierna le duele mucho.

"¡Eres un gato malo, muy malo!" grita, "No eres un gato. ¡Eres un auténtico cocodrilo! No se puede hacer eso. ¿Eres Tom o Jerry? ¡No, eres Mickey! ¿O Snickers? ¿O tal vez Baron?" entonces de repente Robert se da cuenta de que ha mezclado los gatos. No sabe los nombres de los gatos y no puede poner a cada gato en su jaula. Robert empieza a pronunciar los nombres de los gatos.

"¡Tom! ¡Jerry! ¡Mickey! ¡Snickers, Baron!" pero los gatos no le prestan atención. Están ocupados en sus propios asuntos. Dos gatos están jugando con una pelota. Otro está bebiendo agua. Y los otros fueron a comer algo. ¿Cómo puede recordar los nombres de los gatos ahora? Y no hay nadie para ayudar a Robert. Todo el mundo se fue ya a casa. Entonces Robert llama "¡Gatito gatito!" Todos los gatos se giran a la vez hacia Robert. ¿Qué hacer ahora? Todos los gatos miran para Robert, después se dan la vuelta y se sientan junto a la ventana. Se sientan y miran por la ventana.

Todos están allí sentados, y no está claro cuáles son sus nombres. A Robert no se le ocurre nada. Es más fácil aprobar un examen que adivinar el

A small job

A funny thing happened to Robert in the summer. Here is what happened. Robert decided to earn some money as a guard during the summer. He guarded an exhibition of cats. Once an important task was given to Robert. He had to put the cats into cages. He also had to write a cat's name on each of the cage.

"OK," Robert says, "What are the names of these fine cats?"

"The cat on the left is Tom, the next one is Jerry, Mickey is in the back, Snickers and Baron are on the right," an employee of the exhibition explains to him. Everybody goes away and Robert stays alone with the cats. He wants to drink some tea. He drinks tea and looks at the cats. The first cat is cleaning itself. The second one is looking out the window. The third and fourth are walking around the room. And the fifth cat approaches Robert. Suddenly it bites him on the leg. Robert drops the cup. His leg hurts badly.

"You're a bad cat, very bad!" he cries, "You aren't a cat. You're a true crocodile! You can't do that. Are you Tom or Jerry? No, you're Mickey! Or Snickers? Or maybe Baron?" then suddenly Robert realizes that he mixed up the cats. He doesn't know the cats' names and cannot put each cat into its own cage. Robert begins to call out the cats' names.

"Tom! Jerry! Mickey! Snickers, Baron!" but the cats pay no attention to him. They are busy with their own matters. Two cats are playing with a ball. Another one is drinking water. And the others went to have some food. How can he remember the cats' names now? And there is nobody to help Robert. Everybody went home already. Then Robert calls out "Kitty kitty!" All the cats turn to once to Robert. What to do now? All the cats look at Robert then turn away and sit down by the window. They sit and look out of the window.

They all sit there, and it isn't clear what their names are. Robert can't think of anything. It is easier to pass an exam than to guess the name

nombre de cada gato.

Entonces Robert decide meter a cada gato en una jaula al azar. Y esto es lo que escribe en las jaulas en lugar de los nombres - Bonito, Valiente, Astuto, Caprichoso. Robert llama al quinto gato, al que le mordió, de esta manera: "¡Precaución! Gato mordedor."

of each cat.

Then Robert decides to put each cat in a random cage. Here is what he writes on the cages instead of the names - Pretty, Brave, Sly, Capricious. Robert names the fifth cat, the one that bit him, this way: "Caution! Biting cat."

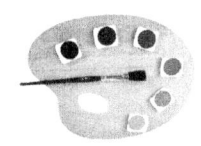

14

¡Deténgalo!
Hold!

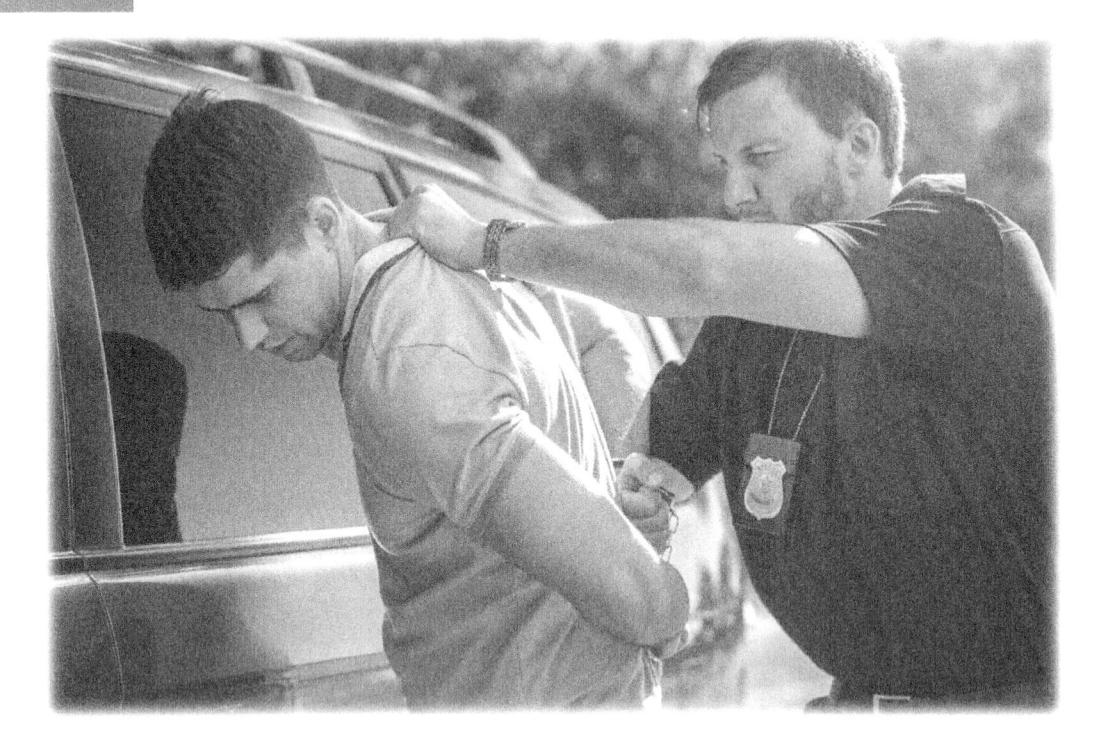

A

Palabras

1. adelanta - overtakes
2. bribón - scoundrel
3. bromean - joke
4. campo - field
5. conductor - driver
6. cuatro - four
7. cuidadoso - careful
8. de primera - top-notch
9. detener - detain
10. directamente - straight
11. edición - issue
12. entrenado - trained
13. felizmente - happily
14. firmemente - tight
15. grita - shouts
16. interés - interest
17. más - further
18. metro - subway
19. miércoles - Wednesday
20. pasa - spends
21. pedir - ask
22. perder - lose
23. periódico - newspaper
24. piscina - pool
25. policía - policeman
26. prisa - hurry
27. profesional - professional
28. público - public
29. puertas - doors
30. que parte - departing
31. reparado - repaired
32. revistas - magazines

33. se quedan - remain
34. señora - Madam
35. siendo - being
36. sueldo - salary
37. sujetando - holding
38. transporte - transportation
39. viernes - Friday

B

¡Deténgalo!

David estudia en la facultad. David suele conducir hasta la facultad en su propio coche. Pero ahora su coche está siendo reparado. Así que David va a la facultad en transporte público - primero en autobús, después en metro. Después de las clases David va con sus amigos a una cafetería a comer. Mientras comen, los amigos hablan, bromean y descansan de las clases. Luego David va a la biblioteca y pasa allí cuatro horas. Termina algunas tareas y lee nuevos libros y revistas de su campo de estudio. David es cuidadoso y estudia bastante. Quiere ser un profesional de primera y ganar un buen sueldo. Los miércoles y los viernes David sale de la biblioteca dos horas antes y va a la piscina. David quiere no solo ser un buen profesional, sino un hombre bien entrenado también. Por la noche ve a sus amigos o se va directamente a casa.

Hoy, de camino a casa, compra la última edición del periódico y baja al metro. David sale del metro y ve que su autobús ya está en la parada. Se da cuenta de que llega tarde al bus. Ve una mujer mayor corriendo hacia el autobús. David también empieza a correr. Adelanta a la mujer y corre más. La mujer se da cuenta de que también llega tarde. No quiere perder tiempo y esperar al siguiente bus. Grita a David: "¡Deténgalo!" La mujer quiere que David pida al conductor que detenga el autobús unos segundos. No muy lejos está un policía. Escucha lo que grita la mujer. El policía cree que tiene que detener al hombre tras el que corre la mujer. Agarra a David y lo sujeta firmemente. La mujer corre hasta el bus.

"¡Señora, estoy sujetando a este bribón!" dice el policía. La mujer mira hacia el policía con sorpresa y dice: "¡Quítese del medio, por favor! ¡Tengo prisa!"

Sube felizmente al autobús y las puertas se

Hold!

David studies at college. David usually drives to college in his own car. But now his car is being repaired. So David goes to college on public transportation - first by bus, then by subway. After lectures David goes with his friends to a café to have lunch. While they are having lunch, the friends talk, joke and have a rest from the lessons. Then David goes to the library and spends four hours there. He finishes some assignments, reads new books and magazines in his field. David is careful and studies well. He wants to be a top-notch professional and earn a good salary. On Wednesday and Friday David leaves the library two hours earlier and goes to the swimming pool. David wants to be not just a good professional, but a well trained man too. In the evening David meets his friends or goes straight home.

Today, on the way home, he buys the last issue of the newspaper and goes down into the subway. David comes out of the subway and sees that his bus is already at the bus stop. He realizes that he is late for this bus. He sees an old woman running to the bus. David starts to run too. He overtakes the woman and runs further. The woman sees that she is late, too. She doesn't want to lose time and wait for the next bus. She shouts to David: "Hold it!" The woman wants David to ask the driver to hold the bus for a few seconds. There is a policeman not far from the bus. He hears what the woman shouts. The policeman thinks that he has to detain the man the woman is running after. He catches David and holds him tight. The woman runs up to the bus.

"Madam, I am holding this scoundrel!" the policeman says. The woman looks at the policeman with amazement and says: "Get out of the way, please! I'm in hurry!"

cierran. David y el policía se quedan en la parada. Y la mujer los mira con interés desde la ventanilla del bus que parte.

She happily gets on bus and the doors close. David and the policeman remain at the bus stop. And the woman looks at them with interest from the window of the departing bus.

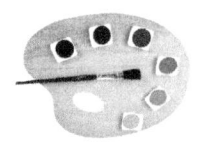

15

Un maravilloso regalo
A wonderful present

A

Palabras

1. alcanza - reach
2. alegremente - joyfully
3. ata - ties
4. Biblia - Bible
5. brazos - arms
6. cerca - near
7. cinco - five
8. cuerda - rope
9. dando - giving
10. en dos - apart
11. escuchando - listening
12. está - stands
13. gritando - crying
14. guardería - kindergarten
15. hace - make
16. intenta - tries
17. leyendo - reading
18. maletero - trunk
19. maravilloso - wonderful
20. más abajo - lower
21. mesa - table
22. motor - engine
23. Navidad - Christmas
24. nevando - snowing
25. oscuro - dark
26. peces de colores - goldfish

49

27. pintar - painting
28. puntillas - tiptoe
29. responde - replies
30. reza - pray
31. ronroneando - purring
32. San - Saint
33. se dobla - bends
34. se inclina - bows
35. se rompe - rips
36. soñando - dreaming
37. suavemente - gently
38. suena - rings
39. tira - pulls
40. vuela - flies

B

Un maravilloso regalo

Tina es vecina de David y Nancy. Es una niña pequeña. Tina tiene cinco años. Va a la guardería. A Tina le gusta pintar. Es una niña obediente. La Navidad se acerca y Tina está esperando por los regalos. Quiere un acuario con peces de colores
"Mamá, me gustarían peces de colores por Navidad," le dice Tina a su mamá.
"Reza a San Nicolás. Siempre trae regalos a los niños buenos", responde su mamá.
Tina mira por la ventana. Fuera está oscuro y nieva. Tina cierra los ojos y empieza a soñar con el acuario con peces de colores.
Un coche pasa por delante de la casa y se detiene cerca de la casa siguiente. David conduce. Vive en la casa de al lado. Aparca el coche, sale y va a casa. De repente ve que hay un gatito en un árbol y que está gritando fuertemente.
"¡Baja! ¡Gatito, gatito!" dice David. Pero el gatito no se mueve. "¿Qué hago?" piensa David.
"Sé cómo hacerte bajar," dice David. Abre el maletero y saca una cuerda larga. Después la ata a la rama sobre la que está el gatito. El otro extremo de la cuerda lo ata al coche. David se mete en el coche, enciende el motor y avanza un poquito. La rama se dobla y se inclina hacia abajo. David se acerca a la rama e intenta alcanzar el gatito. Casi lo coge. David tira de la cuerda ligeramente con la mano y la rama se inclina aún más abajo. David se pone de puntillas y estira la mano. Pero en ese momento la cuerda se rompe en dos y el gatito sale volando hacia otro lado.
"¡Oh-oh!" grita David. El gatito vuela hasta la casa de al lado, donde vive Tina. David corre tras el gatito.

A wonderful present

Tina is David's and Nancy's neighbor. She is a little girl. Tina is five years old. She goes to kindergarten. Tina likes painting. She is an obedient girl. Christmas is coming and Tina is waiting for the presents. She wants an aquarium with goldfish.
"Mom, I would like goldfish for Christmas," Tina says to her mom.
"Pray to St. Nicholas. He always brings good children presents," her mom replies.
Tina looks out the window. It is dark outside and it is snowing. Tina closes her eyes and starts dreaming about the aquarium with goldfish.
A car goes past the house. It stops near the next house. David is driving. He lives in the next house. He parks the car, gets out of it and goes home. Suddenly he sees that a kitten is sitting in a tree and crying loudly.
"Get down! Kitty kitty!" David says. But the kitten does not move. "What shall I do?" David thinks.
"I know how to make you get down," David says. He opens the trunk and takes out a long rope. Then he ties the rope to a branch that the kitten is sitting on. The other end of the rope he ties to the car. David gets in the car, starts the engine and drives a little way off. The branch bends and bows lower. David comes up to the branch and tries to reach the kitten. He almost reaches it. David pulls the rope slightly with his hand and the branch bows even lower. David stands on tiptoe and holds out his hand. But at this moment the rope rips apart and the kitten flies off to another side.
"Uh-oh!" David cries. The kitten flies to the next house, where Tina lives. David runs after the

En ese momento, Tina está sentada a la mesa con su mamá. La mamá está leyendo la Biblia y Tina está escuchando atentamente. De repente el gatito entra volando por la ventana. Tina grita con sorpresa.

"¡Mira, mamá! ¡San Nicolás me está dando un gatito!" Grita Tina alegremente. Coge el gatito en sus manos y lo acaricia suavemente. Suena el timbre. La mamá abre la puerta. David está allí.

"¡Buenas noches! ¿Está aquí el gatito?" pregunta David a la mamá de Tina.

"Sí, está aquí," responde Tina. El gatito está entre sus brazos, ronroneando. David ve que la niña está muy contenta.

 "Muy bien. Ha encontrado su hogar, entonces" sonríe David, y vuelve a casa.

kitten.
At this time Tina is sitting with her mom at the table. The mom is reading the Bible and Tina is listening attentively. Suddenly the kitten flies in through the window. Tina shouts in surprise.

"Look, mom! Saint Nicolas is giving me a kitten!" Tina cries joyfully. She takes the kitten in her hands and pets it gently. The doorbell rings. The mom opens the door. David is at the door.

"Good evening! Is the kitten at your place?" David asks Tina's mom.

"Yes, it is here," Tina replies. The kitten is sitting in her arms and purring. David sees that the girl is very glad.

 "Very well. It has found its home then," David smiles and goes back home.

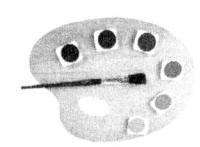

16

Confesiones en un sobre
Confessions in an envelope

A

Palabras

1. a sí mismo - himself
2. acompaña - accompanies
3. aconseja - advise
4. adecuado - suitable
5. admira - admires
6. amanecer - daybreak
7. ambiente - environment
8. amor - love
9. antigua - ancient
10. aperitivo - snack
11. avión - plane
12. billete - ticket
13. bonito - beautiful
14. brillante - bright
15. café - coffee
16. carta - letter
17. catedral - cathedral
18. centro - centre
19. chat - chat
20. ciudad de residencia - hometown
21. coge - grabs
22. compone - composes
23. comprado - bought
24. comprendió - understood
25. confesión - confession
26. cuelga - hangs
27. de colores - colorful
28. definitivamente - certainly
29. desaparecido - gone
30. desesperado - despair
31. duramente - harshly
32. edificios - buildings
33. e-mail - e-mail
34. encantadora - charming
35. enfadada - angry
36. enrojeciendo - blushing
37. enviarle - send
38. esa - such
39. espantoso - awful
40. estúpida - stupid

41. fans - fans
42. foro - forum
43. fríamente - coldly
44. habló - spoke
45. hechizado - charmed
46. impresionante - amazing
47. impresiones - impressions
48. indiferente - indifferent
49. internet - Internet
50. invita - invites
51. julio - July
52. llegada - arrival
53. llegado - gotten
54. local - local
55. lugares de interés - sights
56. maleta - suitcase
57. más antigua - oldest
58. matarlo - kill
59. mediodía - noon
60. mensajero - courier
61. mete - seals
62. moderna - modern
63. negocios - business
64. pasión - passion
65. pena - pity
66. persona - person
67. poemas - poems
68. poesía - poetry
69. posible - possible
70. preparadas - ready
71. preparar - pack
72. principios - beginning
73. reacciona - react
74. reciba - receive
75. recomienda - recommends
76. regañando - scolding
77. reunirnos - meeting
78. rojo - red
79. romántica - romantic
80. saluda - greets
81. se comporta - behaves
82. sentimientos - feelings
83. simplemente - simply
84. sobre - envelope
85. tarjetas - postcards
86. teniendo - having
87. terriblemente - terribly
88. tímidamente - shyly
89. tímido - shy
90. vacaciones - vacation
91. varios - various
92. volar - fly
93. vuelo - flight

B

Confesiones en un sobre

Robert está interesado en la poesía moderna. Pasa mucho tiempo en internet todos los días. A menudo visita varios foros y chats de poesía allí. Conoce a Elena en un foro de fans de la poesía. También le gusta la poesía. Escribe buenos poemas. Robert admira sus poemas. Y también le gusta mucho Elena. Es estudiante. Es una pena que viva en otra ciudad. Chatean todos los días por internet, pero nunca se han visto el uno al otro. Robert sueña con conocer a Elena.
Un día Elena le escribe que quiere ir a alguna otra ciudad de vacaciones. Dice que quiere cambiar de ambiente y tener nuevas impresiones. Robert la invita con placer. Elena está de acuerdo.
Llega a principios de julio y se queda en un hotel.

Confessions in an envelope

Robert is interested in modern poetry. He spends a lot of time on the Internet every day. He often visits various poetry forums and chats there. He meets Elena at a forum of poetry fans. She likes poetry, too. She writes good poems. Robert admires her poems. And he likes Elena very much, too. She is a student. It is a pity she lives in another city. They chat on the Internet every day, but they have never seen each other. Robert dreams of meeting Elena.
One day Elena writes him that she wants to go to some other city on vacation. She says she wants to change the environment and to get new impressions. Robert invites her with pleasure. Elena agrees.
She arrives in the beginning of July and stays at

Robert está hechizado por ella. Elena es realmente una chica encantadora. El día de su llegada, Robert le enseña los lugares de interés local.

"Esta es la catedral más antigua de la ciudad. Me gusta venir aquí," dice Robert.

"¡Oh, es simplemente impresionante!" responde Elena.

"¿Hay sitios interesantes en tu ciudad de residencia?" pregunta Robert, "Mi hermana Gabi va a volar allí dentro de unos días por negocios. Te pide que la aconsejes sobre dónde puede ir allí," dice.

"El centro de la ciudad es muy bonito," recomienda Elena, "Hay muchos edificios antiguos. Pero si quiere tomar un aperitivo no debería ir a la cafetería 'Big Bill'. ¡El café allí es espantoso!"

"Definitivamente se lo diré," ríe Robert.

Por la noche, Robert acompaña a Elena al hotel. Después, durante todo el camino a casa piensa en lo que debería hacer. Quiere hablarle a Elena sobre sus sentimientos, pero no sabe cómo hacerlo. Ella se comporta con él como una amiga, y él no sabe cómo reaccionaría ante su confesión. Se siente tímido con ella. Por eso finalmente decide escribirle una confesión de su amor en una carta. Pero no quiere enviarle su carta por e-mail. Le parece que no es adecuado para una chica tan romántica como Elena. Ve postales y sobres de colores en una tienda no muy lejos de casa. A Robert le gustan los sobres rojos brillantes y compra uno. Espera que a Elena también le guste.

La hermana de Robert, Gabi, llegó por la noche.

"Bien, ¿te gusta Elena?" pregunta ella.

"Sí, es una chica muy encantadora," responde Robert.

"Me alegro de oírlo. Volaré a su ciudad mañana a mediodía. Ya he comprado un billete," continúa Gabi.

"Te aconseja visitar el centro de la ciudad," dice Robert.

"De acuerdo. Dale las gracias por el consejo, por favor," responde Gabi.

Robert se sienta a la mesa en la sala de estar y compone una confesión de amor a Elena durante toda la noche. Le escribe una larga confesión de amor. Mete la carta en el sobre rojo al amanecer y la deja sobre la mesa. Llama a un mensajero

a hotel. Robert is charmed by her. Elena is really a charming girl. On the day of her arrival Robert shows her the local sights.

"This is the oldest cathedral in the city. I like to come here," Robert says.

"Oh, it is just amazing here!" Elena replies.

"Are there any interesting places in your hometown?" Robert asks, "My sister Gabi is going to fly there in a few days on business. She asks you to advise her where she can go there," he says.

"The centre of the city is very beautiful," Elena recommends, "There are a lot of ancient buildings there. But if she wants to have a snack, she should not go to the coffee house 'Big Bill'. The coffee is awful there!"

"I'll certainly tell her," Robert laughs.

In the evening Robert accompanies Elena on the way to the hotel. Then all the way home he thinks about what he should do. He wants to tell Elena about his feelings, but doesn't know how to do this. She behaves with him as with a friend, and he doesn't know how she would react to his confession. He feels shy with her. That is why he finally decides to write her a confession of his love in a letter. But he doesn't want to send the letter by e-mail. It seems to him not to be suitable for such a romantic girl as Elena. He sees postcards and colorful envelopes in a shop not far from home. Robert likes bright red envelopes and he buys one. He hopes that Elena will like it, too. Robert's sister Gabi came in the evening.

"Well, do you like Elena?" she asks.

"Yes, she is a very charming girl," Robert answers.

"I'm glad to hear it. I'll fly to her city tomorrow at noon. I've already bought a ticket," Gabi continues.

"She advises you to visit the center of the city," Robert says.

"Okay. Thank her for the advice, please," Gabi replies.

Robert sits at the table in a living room and composes a love confession to Elena all night. He writes her a long love confession. He seals the letter into the red envelope at daybreak and leaves it on the table. He calls a courier in the

por la mañana y le da la carta. Quiere que Elena reciba su confesión de amor lo antes posible. Robert está muy preocupado, así que sale a dar un paseo. Alrededor de una hora más tarde llama a Elena.
"Buenos días, Lena," la saluda.
"Buenos días, Robert," responde ella.
"¿Ya te ha llegado mi carta?" pregunta, enrojeciendo.
"Sí, me ha llegado," responde fríamente.
"Quizás podríamos reunirnos y dar un paseo." Dice él tímidamente.
"No. Necesito hacer la maleta. Ya me están esperando en casa," dice duramente, y cuelga. Robert está simplemente desesperado. No sabe qué hacer. Empieza a regañarse a sí mismo por haber escrito la confesión de amor. En ese momento su hermana lo llama. Está terriblemente enfadada.
"Robert, ¿dónde está mi billete de avión? ¡Lo dejé en la mesa de la sala de estar! Estaba en un sobre rojo. ¡Pero ahora ha desaparecido! ¡Allí hay una carta! ¿Cuál es la estúpida broma?" grita Gabi.
Robert no puede creerlo. Ahora todo está claro. Elena ha recibido un billete para el vuelo de hoy a su ciudad por parte del mensajero. Decidió que a Robert no le gusta y que quiere que se marche.
"Robert, ¿por qué estás callado?" Gabi está enfadada, "¿Dónde está mi billete?"
Robert comprendió que hoy dos mujeres a la vez están preparadas para matarlo. Pero está contento de que Elena no se muestre indiferente hacia él. ¡Con qué passion le habló! ¡También tiene sentimientos hacia él! Corre a casa alegremente, coge la confesión de amor de la mesa y corre a Elena a leérsela en persona.

morning and gives him the letter. He wants Elena to receive his love confession as soon as possible. Robert is very worried so he goes out for a walk. He calls Elena an hour later.
"Good morning, Lena," he greets her.
"Good morning, Robert," she answers him.
"Have you already gotten my letter?" he asks, blushing.
"Yes, I have," she says coldly.
"Maybe let's meet and take a walk.." he says shyly.
"No. I need to pack the suitcase. They are already waiting for me at home," she says harshly and hangs up. Robert is simply in despair. He doesn't know what to do. He begins scolding himself for having written the love confession. At this moment his sister calls him. She is terribly angry.
"Robert, where is my plane ticket? I left it on the table in the living room! It was in a red envelope. But now it's gone! There is a letter there! What's the stupid joke?!" Gabi cries.
Robert can't believe it. Everything is clear to him now. Elena has received a ticket for today's flight to her city from the courier. She decided that Robert doesn't like her and he wants her to leave.
"Robert, why are you silent?" Gabi is angry, "Where is my ticket?"
Robert understood that today two women at once are ready to kill him. But he is happy that Elena is not indifferent towards him. With what passion she spoke to him! She has feelings towards him, too! He joyfully runs home, grabs the love confession from the table and runs to Elena to read it to her in person.

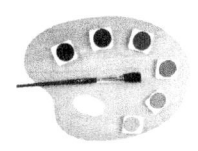

17

Una especialidad de la casa
A specialty of the house

A

Palabras

1. aparearse - mating
2. apetitoso - appetizing
3. avisarla - warn
4. complicado - complicated
5. corto - short
6. delicioso - delicious
7. desmayado - fainted
8. detrás - behind
9. duro - hard
10. empezó - began
11. enfriando - cold
12. envolverlo - wrap
13. especialidad - specialty
14. freír - fry
15. gente - people
16. horno - oven
17. interrumpe - interrupts
18. minutos - minutes
19. muy - pretty
20. ojos muy abiertos - wide-eyed
21. papel de aluminio - foil
22. paquete - packet
23. patas - legs
24. picnic - picnic

25. pollo - chicken
26. ruido - noise
27. salpica - splashes
28. sobresaliendo - sticking

29. telefonean - phone
30. terrible - terrible
31. trajo - brought
32. urgentemente - urgently

B

Una especialidad de la casa

Gabi cocina un pollo muy bueno con verduras. Es su especialidad. Un día Robert le pide que le cocine este delicioso plato. Robert va a ir de picnic con sus amigos. Quiere complacer a sus amigos con un rico plato. Quiere que Gabi no fría el pollo, sino que lo cocine en el horno. Pero Gabi le sugiere freírlo rápidamente porque no tiene tiempo suficiente. Robert está de acuerdo.
"Gabi, yo no tengo tiempo de venir y recoger el pollo a tiempo," le dice Robert, "Elena vendrá y recogerá el pollo. ¿De acuerdo?"
"De acuerdo," dice Gabi, "Se lo daré a Elena."
Gabi se esfuerza por cocinar bien el pollo con verduras. Es un plato muy complicado, pero Gabi es una excelente cocinera. Finalmente, el pollo está listo. El plato parece muy apetitoso. Gabi mira el reloj. Elena debería venir pronto. Pero de repente telefonean a Gabi desde el trabajo. Hoy Gabi tiene el día libre, pero la gente del trabajo le pide que vaya un rato corto por algún asunto importante. Debería ir urgentemente. También están una vieja niñera y un niño en casa. La niñera empezó a trabajar para ellos hace poco tiempo.
"Necesito salir un momento por negocios," le dice Gabi a la niñera, "Una chica va a venir a buscar el pollo en diez minutos. El pollo ahora se está enfriando. Tendrá que envolverlo en papel de aluminio y dárselo a la chica. ¿De acuerdo?" pregunta.
"De acuerdo," responde la niñera, "No te preocupes, Gabi. Lo haré como dices."
"¡Gracias!" Gabi le da las gracias a la niñera y sale rápidamente por negocios. La chica llega a los diez minutos.
"Hola. Vine a recoger..." dice.
"Lo sé, lo sé," la interrumpe la niñera, "Ya lo hemos freído."
"¿Lo frieron?" La chica mira a la niñera con los

A specialty of the house

Gabi cooks a very fine chicken with vegetables. It is her specialty dish. One day Robert asks her to cook him this delicious dish. Robert is going on a picnic with his friends. He wants to please his friends with a tasty dish. He wants Gabi not to fry chicken, but to cook it in an oven. But Gabi offers him to quickly fry it because she hasn't enough time. Robert agrees to it.
"Gabi, I don't have time to come and take the chicken on time," Robert says to her, "Elena will come and will take the chicken. Okay?"
"Okay," Gabi says, "I'll give it to Elena."
Gabi tries hard to the cook chicken with vegetables well. It is a pretty complicated dish. But Gabi is an excellent cook. Finally, the chicken is ready. The dish looks very appetizing. Gabi looks at the watch. Elena should come soon. But suddenly they phone Gabi from work. Today Gabi has a day off, but people at work ask her to come for a short time because of some important issue. She should go urgently. There is also an old nanny and a child at home. The nanny began working for them not long ago.

"I need to go for a short time on business," Gabi says to the nanny, "A girl will come for the chicken in ten minutes. The chicken is getting cold now. You will have to wrap it in foil and give it to the girl. Okay?" she asks.
"Okay," the nanny replies, "Do not worry, Gabi, I'll do it as you say."
"Thank you!" Gabi thanks the nanny and quickly leaves on business. The girl comes in ten minutes.
"Hello. I came to take.." she says.
"I know, I know," the nanny interrupts her, "We have already fried it."
"You fried it?" the girl stares wide-eyed at the nanny.

ojos muy abiertos.

"Sé que no querías que lo frieran. Pero no te preocupes, lo hemos freído bien. ¡Ha quedado muy rico! Te lo empaquetaré," dice la niñera, y va a la cocina. La chica va despacio a la cocina detrás de la niñera.

"¿Por qué lo frieron?" pregunta otra vez la chica.

"Ya sé que no lo querías así. Pero no te preocupes," responde la niñera, "Está realmente rico. Estarás contenta."

La chica ve que la anciana envuelve en un paquete algo frito, con las patas sobresaliendo. De repente la anciana oye un ruido y se da la vuelta. Ve que la chica se ha desmayado.

"Oh, ¡qué terrible!" grita la anciana, "¿Qué voy a hacer ahora?" Salpica un poco de agua sobre la chica y la chica vuelve en sí lentamente. En este momento Gabi vuelve a casa.

"Oh, se me olvidó avisarla," dice Gabi a la niñera, "Esta es mi amiga, que vino a llevarse su gato. Lo trajo a aparearse con el nuestro. ¿Y qué ha pasado aquí?"

"I know that you didn't want to fry it. But don't worry, we've fried it well. It turned out very tasty! I'll pack it for you," the nanny says and goes to the kitchen. The girl slowly goes to the kitchen behind the nanny.

"Why did you fry it?" the girl asks again.

"I know that you didn't want it that way. But do not worry," the nanny answers, "It is really tasty. You will be glad."

The girl sees that the old woman wraps in a packet something fried, with its legs sticking out. Suddenly the old woman hears a noise and turns around. She sees that the girl has fainted.

"Oh, how terrible!" the old woman cries, "What shall I do now?" She splashes some water on the girl, and the girl slowly comes to. At this moment Gabi comes back home.

"Oh, I forgot to warn you," Gabi says to the nanny, "This is my friend who came to take back her cat. She brought it to our cat for mating. And what happened here?"

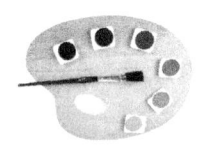

18

Tulipanes y manzanas
Tulips and apples

A

Palabras

1. artículos - articles
2. asombro - astonishment
3. con entusiasmo - enthusiastically
4. crece - grows
5. cuelgan - hang
6. detalle - detail
7. discuten - discuss
8. disputa - dispute
9. estricto - strict
10. estudiar - studying
11. favorito - favorite
12. florecen - blossom
13. hicimos - wrote
14. incorrectas - incorrect
15. interesados - interested
16. juez - judge
17. jurisprudencia - jurisprudence
18. leyes - laws
19. libretas - notebooks
20. manzana - apple
21. mayor - elderly
22. momento - point
23. opinión - opinion
24. parterre - flowerbed

25. pertenece - belongs
26. primavera - spring
27. prueban - prove
28. ramas - branches
29. resolvería - resolve
30. rompen - break
31. sacude - shakes
32. sencillo - simple
33. sentido - sense
34. separados - separated
35. sobre - over
36. solución - solution
37. tribunal - court
38. tulipanes - tulips
39. valla - fence

B

Tulipanes y manzanas

A Robert le gusta estudiar. Y una de sus asignaturas favoritas es jurisprudencia. El profesor de jurisprudencia es mayor. Es muy estricto y a menudo manda tareas difíciles a los estudiantes.

Un día el profesor decide hacer una prueba. Ofrece una interesante tarea sobre dos vecinos. Los vecinos viven muy cerca el uno del otro. Están separados solo por una valla. A un lado de la valla crece un manzano. Hay un parterre con tulipanes al otro lado de la valla. El parterre pertenece al otro vecino. Pero el manzano es muy grande. Sus ramas cuelgan sobre la valla en el jardín del otro vecino. Las manzanas caen justamente sobre el parterre y rompen las flores. El profesor pregunta a los estudiantes cómo resolvería el juez esta disputa en un tribunal.

Algunos estudiantes creen que el propietario de los tulipanes tiene razón. Otros dicen que el dueño del manzano tiene razón. Evocan diferentes leyes que prueban que tienen razón. Los estudiantes discuten la tarea unos con otros con entusiasmo. Pero en ese momento el profesor les pide que detengan la disputa.

"Cada uno de vosotros tiene su propia opinión," dice el profesor, "Ahora abrid vuestras libretas de pruebas y escribid detalladamente vuestra solución a la tarea, por favor."

La clase queda en silencio. Todos están escribiendo sus respuestas en las libretas. Robert escribe que el dueño de los tulipanes tiene razón y explica su opinión detalladamente.

La clase termina al cabo de una hora y el profesor recoge los trabajos de los estudiantes. Coloca las pruebas juntas en su maletín y está a

Tulips and apples

Robert likes studying. And one of his favorite subjects is jurisprudence. The teacher of jurisprudence is an elderly professor. He is very strict and often gives difficult tasks to the students.

One day the professor decides to give a test. He gives an interesting assignment about two neighbors. The neighbors live very close from one another. They are separated only by a fence. On one side of the fence grows an apple tree. There is a flowerbed with tulips on the other side of the fence. The flowerbed belongs to the other neighbor. But the apple tree is very big. Its branches hang over the fence into the garden of the other neighbor. The apples fall from it right on the flowerbed and break flowers. The professor asks students how a judge in a court would resolve this dispute.

Some students believe that the owner of the tulips is right. Others say that the owner of the apple tree is right. They recall different laws that prove that they are right. The students discuss the assignment with each other enthusiastically. But at this point the professor asks them to stop the dispute.

"Each of you have your own opinion," the professor says, "Now open your notebooks for tests and write in detail your solution to the assignment, please."

It gets quiet in the classroom. Everybody is writing their answers in the notebooks. Robert is writing that the owner of the tulips is right and explains his opinion in detail.

The lesson comes to the end in an hour and the professor gathers the students' works. He puts

punto de marcharse. Pero los estudiantes le piden que se quede un ratito. Están interesados en saber cuál es la solución correcta a la tarea.

"Sr. Profesor, ¿cuál es la respuesta correcta?" pregunta Robert, "¡Todos queremos saberla!"

El profesor ríe astutamente.

"Veréis," responde el profesor, "es muy sencillo. Los tulipanes florecen en primavera. Y las manzanas solo caen en otoño. Por eso las manzanas no pueden caer sobre los tulipanes. Esa situación no puede ocurrir."

Los estudiantes comprenden que tiene razón con asombro. Y eso significa que sus respuestas son incorrectas y que sacarán notas bajas en la prueba.

"Pero Sr. Profesor, después de todo, hicimos muy buenas pruebas," dice uno de los estudiantes, "Conocemos las leyes bastante bien. No puede darnos notas bajas solo por culpa de unos tulipanes."

Pero el profesor sacude la cabeza.

"No es suficiente con conocer las leyes," explica, "¡Primero deberíais usar el sentido común y solo después pensar en los artículos de las leyes!"

the tests together in his case and is about to leave. But the students ask him to stay for a short while. They are interested to know what solution to the assignment is the right one.

"Mr. Professor, what is the right answer?" Robert asks, "We all want to know it!"

The professor laughs slyly.

"You see," the professor replies, "It's very simple. Tulips blossom in the spring. And apples fall down only in the autumn. That's why the apples can't fall down on the tulips. This situation can't happen."

The students understand that he is right with astonishment. And it means that their answers are incorrect and they'll get low marks for the tests.

"But Mr. Professor, after all, we wrote very good tests," one of the students says, "We know the laws quite well. You cannot give us low marks only because of tulips."

But the professor shakes his head.

"It isn't enough to know the laws," he explains, "You should turn on your common sense first and only then think of the articles of laws!"

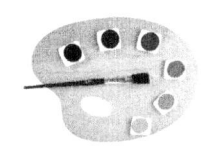

19

Tarta
Cake

A

Palabras

1. acuerdo - according
2. alacenas - cabinets
3. auténtica - real
4. cajón - drawer
5. cocinar - cooking
6. confundida - confused
7. considera - considers
8. cuarenta - forty
9. cuero - leather
10. culinario - culinary
11. cumpleaños - birthday
12. de más abajo - lowermost
13. de ocho años - eight-year-old
14. engrasar - grease
15. explosión - explosion
16. frigorífico - fridge
17. hermanita - sis
18. hermano - brother
19. hija - daughter
20. hornear - bake
21. hornearse - baking
22. humo - smoke
23. inscripción - inscription
24. juego - game
25. letra - print
26. lleno - full

27. madera - wood
28. manchada - splattered
29. nata - cream
30. objetos - objects
31. olor - smell
32. ordenador - computer
33. orgullosa - proud
34. padre - father
35. padres - parents
36. palabra - word
37. papi - daddy
38. paquete - package
39. pegamento - glue
40. pegar - gluing
41. peligrosa - dangerous
42. porcelana - porcelain
43. quizás - perhaps
44. receta - recipe
45. se las arregla - manages
46. sopa - soup
47. talento - talent
48. tarta - cake
49. tortilla - omelette
50. trabajar - work
51. tubo - tube

B

Tarta

A Nancy, de ocho años, le gusta mucho cocinar. Sabe preparar una deliciosa sopa y tortilla. Linda ayuda a su hija a veces, pero Nancy se las arregla bastante bien sola. Todos dicen que la niña tiene talento para lo culinario. Nancy está muy orgullosa de ello. Se considera una auténtica cocinera. Así que un día decide preparar un regalo para su padre Christian por su cumpleaños. Quiere hornear una deliciosa tarta para él. Nancy encuentra una receta de tarta adecuada. Los padres se van a trabajar y Nancy se queda en casa con su hermano. Pero David no la está cuidando. Está jugando a un juego de ordenador en su habitación. Nancy empieza a preparar la tarta. Sigue la receta estrictamente y parece que sabe hacerlo todo. Cuando de repente lee en la receta: "Engrasar la masa con pegamento culinario." Nancy se queda confundida. Hay mucha comida en el frigorífico pero no hay pegamento. Empieza a mirar en las alacenas de la cocina cuando de repente en el cajón de más abajo encuentra un tubo con la inscripción 'Pegamento'. No aparece la palabra 'culinario' en el paquete, sin embargo. Pero Nancy decide que eso no es tan importante. Después de todo, lo principal es el pegamento. Sin embargo, este pegamento es para pegar objetos fabricados con madera, cuero y porcelana. Pero Nancy no ha leído esa letra pequeña. Engrasa la masa con pegamento de

Cake

Eight-year-old Nancy likes cooking very much. She can cook a delicious soup and an omelette. Linda helps her daughter sometimes, but Nancy manages on her own quite well. Everybody says that the girl has a talent for culinary. Nancy is very proud of it. She considers herself a real cook. So one day she decides to prepare a present for her father Christian on his birthday. She wants to bake a delicious cake for him. Nancy finds a suitable cake recipe. The parents go to work, and Nancy stays at home with her brother. But David is not looking after her. He is playing a computer game in his room. Nancy starts preparing the cake. She follows the recipe strictly and it seems that she can do everything. When suddenly she reads in the recipe: "Grease the dough with culinary glue." Nancy gets confused. There is a lot of food in the fridge but there is no glue. She starts looking in the kitchen cabinets when suddenly in the lowermost drawer she finds a tube with the inscription 'Glue'. There isn't the word 'culinary' on the package though. But Nancy decides it is not so important. After all, the main thing it is the glue. Though, this glue is for gluing objects made of wood, leather and porcelain. But Nancy hasn't read this fine print. She greases the dough with glue according to the recipe. Then she puts the dough into the oven and leaves the kitchen. The cake should bake for forty minutes.

acuerdo con la receta. A continuación mete la masa en el horno y se va de la cocina. La tarta debería hornearse en cuarenta minutos.
Veinte minutos más tarde, los padres vuelven a casa.
"¿Qué es este delicioso olor que viene de la cocina?" pregunta Christian.
Nancy está a punto de contestarle, ¡pero de repente se escucha una explosión en la cocina! Sorprendido, Christian abre la puerta de la cocina y ven que está llena de humo, la puerta del horno está manchada de masa y hay un olor espantoso. Christian y Linda miran con sorpresa a su hija.
"Bueno, iba a hacer una tarta con deliciosa nata para el papi…" dice Nancy en voz baja.
"¿Qué pusiste ahí?" pregunta el hermano, "¡No te preocupes, hermanita! Si tu tarta es tan peligrosa, entonces quizás es mejor que no haya terminado de hornearse."

Twenty minutes later, the parents come back home.
"What is this delicious smell from the kitchen?" Christian asks.
Nancy is about to answer him, but suddenly an explosion is heard in the kitchen! Surprised, Christian opens the door to the kitchen and they see that the whole kitchen is full of smoke, the oven door is splattered with dough and there is an awful smell. Christian and Linda look in surprise at the daughter.
"Well, I was going to bake a cake with tasty cream for the daddy…" Nancy says quietly.
"What did you put there?" the brother asks,
"Don't worry, sis! If your cake is so dangerous, then it is perhaps better that it hasn't finished baking."

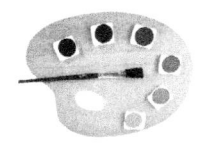

20

Cena exótica
Exotic dinner

A

Palabras

1. aldea - village
2. alternativa - alternative
3. asiático - Asian
4. avergonzados - embarrassment
5. bárbaro - barbarian
6. camarero - waiter
7. caro - expensive
8. carta - menu
9. centímetros - centimeters
10. cercana - nearby
11. chamán - shaman
12. chef - chef
13. cientos - hundred
14. cocina - cuisine
15. comer - eating
16. cortadas - cut
17. costumbres - customs
18. crecer - grow
19. cuenta - bill
20. cuestan - cost
21. dólares - dollars
22. elige - chooses
23. enorme - huge
24. escurrirse - crawling
25. esperaban - expect
26. excrementos - excrements
27. exótica - exotic
28. exquisitez - delicacy
29. fin - last
30. fuerte - strong
31. gastar - spending
32. gorda - fat

33. gritar - shouting
34. hojean - flip
35. incivilizado - uncivilized
36. increíblemente - incredibly
37. intentar - try
38. intercambian - exchange
39. inusuales - unusual
40. lengua - language
41. longitud - length
42. mejor - best
43. mientras tanto - meanwhile
44. miradas - glances
45. nada - nothing
46. no se esperaban - didn't
47. norte - north
48. oruga - caterpillar
49. país - country
50. pálido - pale
51. pincha - stabs
52. plato - plate
53. pobre - poor
54. probar - taste
55. que - which
56. quince - fifteen
57. raro - rare
58. recientemente - recently
59. restaurante - restaurant
60. revivirla - revive
61. se desmaya - faints
62. suma - sum
63. tamaño - size
64. tapa - lid
65. tenedor - fork
66. tensión - strain
67. tradiciones - traditions
68. traducción - translation
69. visitar - drop
70. viva - alive

B

Cena exótica

Robert y Elena están de vacaciones en un país asiático. Les gusta mucho viajar. Robert está interesado en las tradiciones y costumbres inusuales. Y por supuesto les gusta aprender sobre la cocina de diferentes países. Así que esta vez deciden visitar el mejor y más famoso restaurante local. Es un restaurante bastante caro pero quieren probar los platos más deliciosos e interesantes, y no les importa gastar dinero en ellos. Hojean la carta durante largo tiempo. No hay traducción al inglés en la carta. Pero ellos no conocen la lengua local en absoluto, así que no entienden nada. Robert elige uno de los platos más caros - cuesta doscientos veinte dólares.
El mismo chef les trae este caro plato. Saca la tapa y ven un montón de verduras y hojas cortadas sobre el plato. Una enorme y gorda oruga, de sobre quince centímetros de largo, está en medio. La oruga no solo es enorme, ¡sino que también está viva! Elena y Robert la miran avergonzados. Mientras tanto, la oruga empieza lentamente a escurrirse y comer las hojas que están a su alrededor en el plato. ¡Por

Exotic dinner

Robert and Elena take a vacation in an Asian country. They like traveling very much. Robert is interested in unusual traditions and customs. And of course they like to learn about the cuisines of different countries. So this time they decide to drop by at the best and most famous local restaurant. It is a quite expensive restaurant but they want to taste the most delicious and interesting dishes, and they don't mind spending money on them. They flip through the menu for a long time. There is no English translation in the menu. But they don't know the local language at all, so they can understand nothing. Robert chooses one of the most expensive dishes - it costs two hundred and twenty dollars.
The chef brings this expensive dish to them himself. He takes off the lid and they see a lot of cut vegetables and leaves on the plate. A huge fat caterpillar, about fifteen centimeters in length, is in the middle. The caterpillar is not only huge, but it is also alive! Elena and Robert look at it in embarrassment. Meanwhile, the caterpillar starts slowly crawling and eating the leaves around itself on the plate. Of course, Elena and Robert didn't

supuesto, Elena y Robert no se esperaban algo como esto en absoluto! El chef y el camarero miran para la oruga también, y no se van. Sigue un momento de tensión. Entonces Robert coge un tenedor y pincha la oruga. Decide comérsela al fin. ¡El chef lo ve y se desmaya! Y el camarero empieza a gritar fuertemente en una lengua que no entienden. Robert no entiende nada. En este punto otro cliente del restaurante se acerca a ellos desde una mesa cercana. Le explica a Robert en un inglés pobre que ellos no comen esa oruga. Es increíblemente cara y le lleva más de cinco años crecer hasta este tamaño. Los excrementos de esta oruga, que aparecen en el plato cuando come hojas, se consideran una cara exquisitez. Estos excrementos de la oruga cuestan doscientos veinte dólares. Elena y Robert intercambian miradas silenciosas.

"¡Esto es terriblemente incivilizado!" dice Robert.

"Oh, no lo es. ¡Ahora creen que es usted el bárbaro!" dice otro cliente, y sonríe, "¡Porque no comprende esta cocina tan cara! Además mató a esa oruga tan rara, ¡como un auténtico bárbaro!"

En este punto, un pálido camarero se acerca y trae la cuenta por la oruga asesinada. Robert mira la suma de la cuenta y también empalidece.

"Sabe," dice Robert, "hemos estado en una aldea muy pequeña del norte de su país recientemente. Allí hay un excelente chamán, muy fuerte. ¿Tal vez esté de acuerdo en intentar revivirla?… Creo que es una buena alternativa."

expect something like this at all! The chef and the waiter look at the caterpillar, too, and don't go away. A moment of strain follows. Then Robert takes a fork and stabs the caterpillar. He decides to eat it at last. The chef sees it and faints! And the waiter starts shouting loudly in a language they don't understand. Robert understands nothing. At this point another guest of the restaurant approaches them from a nearby table. He explains to Robert in poor English that they do not eat this caterpillar. It's incredibly expensive and it takes more than five years to grow to this size. The excrements of this caterpillar, which appear on the dish when it eats leaves, are considered an expensive delicacy. These excrements of the caterpillar cost two hundred and twenty dollars. Elena and Robert exchange silent glances.

"That's terribly uncivilized!" Robert says.

"Oh, it's not. They now think that you are the barbarian!" another guest says and smiles, "Because you do not understand this expensive cuisine! Moreover you killed such a rare caterpillar, like a real barbarian!"

At this point a pale waiter comes and brings a bill for the killed caterpillar. Robert looks at the sum in the bill and also turns pale.

"You know," Robert says, "We have been in a very small village in the north of your country recently. There is one excellent, very strong shaman there. Maybe he will agree to try to revive it?.. I think, it's a good alternative.."

21

Arte supremo
High art

A

Palabras

1. alma - soul
2. alto - tall
3. apariencia - appearance
4. arte - art
5. artista - artist
6. basura - garbage
7. belleza - beauty
8. cara - face
9. caramelo - candy
10. confusión - confusion
11. conocimiento - knowledge
12. contraste - contrast
13. convencional - ordinary
14. convincente - convincing
15. cuadro - picture
16. cubo - bucket
17. debe - must
18. definitivamente - definitely
19. dentro - inside
20. escultura - sculpture
21. espejo - mirror
22. eternidad - eternity
23. externa - outward
24. figuras - figures
25. fragilidad - frailness
26. impresionarla - impress
27. incomprensible - incomprehensible
28. intelecto - intellect
29. interior - inner
30. inventa - invents
31. más inteligente - wisest
32. metal - metal

33. millones - millions
34. montaña - mountain
35. mopa - mop
36. mostradas - shown
37. museo - museum
38. o - either
39. obvio - obvious
40. olvidado - forgotten
41. paisaje - landscape
42. pensativamente - thoughtfully
43. plástico - plastic
44. profundo - deep
45. relleno - wadding
46. ropa - clothes
47. seria - serious
48. significado - meaning
49. símbolo - symbol
50. similar - similar
51. sucia - dirty
52. suena - sounds
53. suspira - sighs
54. tiran - throw
55. uniforme - uniform
56. zapatos - shoes

B

Arte supremo

High art

Un día Robert invita a Elena al museo de Arte Moderno. Se estrena una nueva exposición. A Elena le gusta mucho el arte. Acepta ir al museo, pero dice que no entiende en absoluto el arte moderno. Lo considera demasiado extraño. En la exposición ven un montón de cosas interesantes. Elena se detiene junto a un cuadro hecho de tenedores de plástico. Parece un paisaje montañoso.

"No, no es lo mío," dice Elena, "los artistas modernos son demasiado incomprensibles. Especialmente cuando hacen sus cuadros con estas cosas tan extrañas. Mira este cuadro. ¿Es bonito?" Pregunta Elena. No le gusta el cuadro. Robert tampoco entiende este arte. Pero le gusta Elena. Y realmente quiere impresionarla y sorprenderla con su conocimiento. Robert pone cara seria.

"Sabes," dice Robert, "La apariencia externa de este cuadro no es muy bonita. Pero tienes que ver su belleza interior."

"¿Qué?" pregunta Elena con sorpresa.

"Su belleza interior," repite Robert, "En este cuadro son mostradas varias montañas. Después de todo, las montañas duran millones de años. Son un símbolo de la eternidad," explica Robert, "Pero los tenedores de plástico se tiran rápido. Es un símbolo de fragilidad. Existe un significado muy profundo en este contraste."

Robert se inventa todo esto sobre la marcha. Le parece que suena convincente. Elena mira a

One day Robert invites Elena to the Museum of modern art. A new exhibition opens there. Elena likes art very much. She agrees to go to the museum, but she says that she does not understand modern art at all. She considers it too strange. At the exhibition they see a lot of interesting things. Elena stops near a picture, made of plastic forks. She stares at the picture attentively. It looks like a mountain landscape.

"No, it's not my cup of tea," Elena says, "Modern artists are too incomprehensible. Especially when they make their pictures out of such strange things. Look at this picture here. Is it beautiful?" Elena asks. She doesn't like the picture. Robert doesn't understand this art either. But he likes Elena. And he really wants to impress and surprise her with his knowledge. Robert makes a serious face.

"You see," Robert says, "The outward appearance of this picture isn't so beautiful. But you have to see its inner beauty."

"What?" Elena asks in surprise.

"Its inner beauty," Robert repeats, "Some mountains are shown in this picture. After all, mountains stand for millions of years. They are a symbol of eternity," Robert explains, "But they throw out a plastic fork quickly. It is a symbol of frailness. There is a very deep meaning in this contrast."

Robert invents all this on the go. It seems to him that it sounds convincing. Elena looks at Robert

Robert avergonzada. Después mira el cuadro y suspira.

"Sigamos," propone Elena.

Van más allá y ven otro montón de cosas extrañas. En una habitación ven un enorme caramelo de metal tan alto como el techo y una escultura hecha de zapatos viejos. En otra habitación hay figuras humanas hechas de ropas con relleno rojo en su interior. Y Robert le dice a Elena algo inteligente sobre cada cosa.

"A veces estas obras de arte son muy similares a la basura convencional," dice Elena.

Van a la siguiente habitación y allí ven un espejo delante del cual hay un cubo lleno de agua sucia.

"Bueno, ¡esto es demasiado!" dice Elena, "¡Definitivamente no hay ningún significado!"

"Oh no-o-o," dice Robert pensativamente, "Tiene un significado muy profundo. Es obvio que este artista es un hombre muy inteligente."

"¿Lo es?" Elena está sorprendida.

"Claro," responde Robert, "Sabes, en un espejo puedes verte la cara. Y puedes mirar en esta agua sucia y también verte la cara. El artista quiere decir que toda alma tiene un lado oscuro. Y que también debemos mirarlo. Es un pensamiento muy importante. Creo que es la mejor y más inteligente obra de arte de toda la exposición," dice Robert.

"¡Eres tan inteligente!" dice Elena, y le coge la mano. Admira a Robert.

En ese momento una mujer con uniforme de limpiadora entra en la habitación con una mopa en la mano. Se acerca al cubo y se gira hacia Elena y Robert.

"Oh, lo siento. Me he olvidado de llevármelo," les dice la mujer. Coge el cubo y lo lleva fuera de la habitación.

"¿Qué dijiste?" ríe Elena, "¿La mejor obra de la exposición?..."

Robert se queda callado con la confusión. Pero Elena todavía está muy impresionada por su intelecto.

in embarrassment. Then she looks at the picture and sighs.

"Let's move on," Elena offers.

They go further and see a lot of other strange things. In one room they see a huge metal candy as tall as the ceiling and a sculpture made of old shoes. In another room there are human figures made out of clothes with red wadding inside. And Robert tells Elena something smart about each thing.

"Sometimes these works of art are very similar to ordinary garbage," Elena says.

They go to the next room and see there a mirror in front of which there is a bucket full of dirty water.

"Well, this is too much!" Elena says, "There is definitely no meaning in it!"

"Oh no-o-o," Robert says thoughtfully, "There is a very deep meaning in it. It is obvious that this artist is a very smart man."

"Is he?" Elena is surprised.

"Sure," Robert replies, "You know, in a mirror you can see your face. And you can look in this dirty water and see your face, too. The artist wants to say that every soul has a dark side. And we must look at it, too. This is a very important thought. I think, it is the best and the wisest work of art at the whole exhibition," Robert says.

"You're so smart!" Elena says and takes him by the hand. She admires Robert.

At this point a woman in a cleaner's uniform with a mop in her hand enters the room. She approaches the bucket and turns to Elena and Robert.

"Oh, I'm sorry. I have forgotten to take it away," the woman says to them. She takes the bucket and carries it out of the room.

"What did you say?" Elena laughs, "The best work at the exhibition?..."

Robert is silent with confusion. But Elena is still very impressed by his intellect.

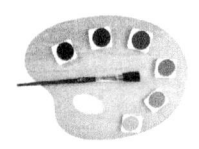

22

Limpieza primaveral
Spring-cleaning

A
Palabras

1. accidentalmente - accidentally
2. adjunto - deputy
3. beneficencia - charity
4. bonificaciones - bonuses
5. camiones - trucks
6. corregir - correct
7. desgraciadamente - unfortunately
8. despedido - fired
9. despedir - dismiss
10. despido - dismissal
11. director - director
12. documentos - documents
13. echar - fire
14. electrónica - electronics
15. enviado - sent
16. error - mistake
17. hablar - talk
18. limpiar - wipe
19. limpie - clean
20. limpieza - cleanliness
21. meticuloso - accurate
22. montón - pile
23. noticias - news
24. nunca - ever
25. oficina - office
26. papeles - papers
27. período - period
28. polvo - dust
29. prueba - probation
30. solicitud - form

B

Limpieza primaveral

Robert estudia en una universidad y trabaja en una pequeña empresa. La empresa vende electrónica. Robert no lleva mucho tiempo trabajando allí. El director alaba su trabajo. Robert está contento de que todo esté yendo bien en el trabajo. Pero de repente el director adjunto envía a alguien a llamar a Robert. Robert está muy preocupado. No sabe por qué lo han mandado llamar. El director adjunto le da su sueldo y documentos. Robert no entiende nada.
"Siento mucho decirte esto, pero estás despedido," dice el director adjunto.
"¿Pero por qué?" pregunta Robert.
"Desgraciadamente, no superaste el período de prueba," dice el director adjunto.
"¡Pero el director alaba mi trabajo!" protesta Robert.
"Lo siento mucho," repite el adjunto.
Robert coge sus documentos y sus cosas y deja la oficina. Está muy molesto. De camino a casa piensa en el despido todo el tiempo. Le parece muy extraño. Pero Robert no llega a casa. De repente el director mismo lo llama. Le pide que vuelva a la oficina y dice que quiere hablar con él. Robert está sorprendido. Pero acepta y vuelve a la oficina. Espera que sean buenas noticias. Entra en el despacho del director y ve que está hablando con la mujer de la limpieza.
"Por favor," le dice a la mujer de la limpieza, "¡No mueva nunca los papeles de mi mesa! ¡Nunca les limpie el polvo! ¡Nunca!"
"Pero estaba sucio," responde la mujer de la limpieza, "Después de todo, quería hacerlo mejor."
El director suspira y sacude la cabeza.
"Robert," dice el director, "Tu solicitud estaba sobre mi mesa. Y nuestra mujer de la limpieza accidentalmente la movió de un montón al otro. Esto es, tu formulario pasó del montón de 'Bonificaciones' al montón de 'Despedir'", explica el director, "Siento mucho que haya ocurrido. Espero que no vuelva a ocurrir."
Robert está muy contento de oírlo. No puede creer su suerte.

Spring-cleaning

Robert studies at a university and works in a small company. The company sells electronics. Robert hasn't worked there for long. The director praises his work. Robert is happy that everything is going well at work. But suddenly the deputy director sends for Robert. Robert is very worried. He doesn't know why he has been sent for. The deputy director gives him his salary and documents. Robert understands nothing.
"I am very sorry to tell you this, but you're fired," the deputy director says.
"But why?" Robert asks.
"Unfortunately, you did not pass the probation period," the deputy director says.
"But the director praises my work!" Robert objects.
"I'm very sorry," the deputy repeats.
Robert takes his documents and things and leaves the office. He is very upset. On his way home he thinks about this dismissal the whole time. It seems to him very strange. But Robert doesn't make it home. Suddenly the director himself calls him. He asks Robert to return to the office and says he wants to talk to him. Robert is surprised. But he agrees and returns to the office. He hopes that good news is waiting for him. He enters the director's office and sees that the director is talking to the cleaning woman.
"Please," he says to the cleaning woman, "Do not ever move the papers on my table! Don't even wipe dust off it! Never!"
"But it was dirty," the cleaning woman replies, "After all, I wanted to make it better."
The director sighs and shakes his head.
"Robert," the director says, "Your form was on my table. And our cleaning woman accidentally moved it from one pile to another. That is, your form was moved from the pile for 'Bonuses' to the pile 'To Dismiss'," the director explains, "I'm very sorry that it happened. I hope it will not happen again."
Robert is very glad to hear it. He can't believe his luck.
"So you aren't going to fire me?" Robert asks.

"¿De modo que no va a echarme?" pregunta Robert. El director le sonríe.

"No, no vamos a echarte. No te preocupes," dice el director, "Estamos contentos de tener un trabajador tan meticuloso y cuidadoso."

"Gracias," dice Robert, "Realmente son buenas noticias."

"Este error con tu despido es fácil de corregir," dice el director, "Pero los documentos de tres camiones con electrónica fueron movidos del montón 'Vender' al montón 'Beneficencia'. La limpieza es una cosa muy cara," dice el director, y mira tristemente su limpia mesa.

The director smiles at Robert.

"No, we aren't going to fire you. Don't worry," the director says, "We are glad to have such an accurate and careful worker."

"Thank you," Robert says, "This is really good news."

"This mistake with your dismissal is easy to correct," the director says, "But the documents of three trucks with electronics were moved from the pile 'Sell' to the pile 'Charity'. Cleanliness is an expensive thing," the director says and looks sadly at his clean table.

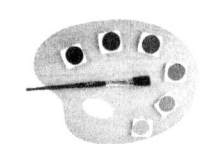

23

Taxi beige
Beige taxi

A

Palabras

1. alguien - somebody
2. beige - beige
3. blanco - white
4. calmadamente - calmly
5. carga - loads
6. coincide - coincides
7. confirmado - confirmed
8. desagradable - unpleasant
9. dicho - told
10. dirección - address
11. educadamente - politely
12. emisores - dispatchers
13. en punto - o'clock
14. equipaje - baggage
15. eterno - endless
16. examinar - examining
17. expresión - expression
18. hecho - fact
19. ira - anger
20. llevando - carrying
21. más - else
22. nervioso - nervous
23. ningún sitio - anywhere
24. número - number
25. obligatorio - obligatory
26. Opel - Opel

27. pacientemente - patiently
28. pesado - heavy
29. pregunta - inquires
30. puede - may
31. radio - radio
32. rechaza - refuses
33. repite - retells
34. reserva - booking
35. se pregunta - wonder
36. servicio - service
37. sí - yes
38. toda - entire
39. tren - train
40. vencer - overcome

B

Taxi beige

Beige taxi

Un día Robert decide ir a visitar a sus amigos. Viven en otra ciudad y Robert toma un tren hasta allí. Su tren llega allí a las tres en punto a.m. Es la primera vez que Robert va allí. No tiene el número de teléfono de los servicios de taxi de esta ciudad. Así que llama a sus amigos y les pide que le llamen un taxi a la estación. Los amigos hacen lo que pide. Le dicen que en diez minutos un 'Opel' blanco vendrá por él. Robert espera y realmente un 'Opel' blanco llega en diez minutos. El conductor del taxi mete el equipaje de Robert en el coche y le pregunta a dónde va. Robert le explica que no sabe la dirección. Sus amigos, quienes llamaron al taxi, deberían haberle dicho la dirección al conductor del taxi.
"Mi radio funciona mal aquí. Así que no puedo coger la dirección," dice el conductor del taxi, "Averigüe la dirección de sus amigos, por favor. Y es obligatorio preguntarles el número de teléfono del servicio de taxis al que llamaron," solicita el conductor del taxi.
"¿Por qué?" pregunta Robert.
"Sabe, solo trabajo por reserva," contesta el conductor del taxi, "Sus amigos podrían haber llamado a otro servicio de taxis. Entonces eso significa que otro cliente está esperando por mí y yo no lo puedo llevar a usted en vez de a él."
Robert llama otra vez a sus amigos y los vuelve a despertar con su llamada. Pacientemente le dicen la dirección y el número de teléfono del servicio de taxis. Robert se lo repite todo al conductor de taxi.
"¡Oh! Este es el número de otro servicio de taxis. No es el número del mío. Entonces otra persona me llamó," dice el conductor del taxi, y saca el equipaje de Robert del coche. Robert está

One day Robert decides to go visit his friends. They live in another city and Robert takes a train there. His train arrives there at three o'clock a.m. Robert is there for the first time. He doesn't have a phone number for the taxi services in this city. So he calls his friends and asks them to call a taxi for him to the station. The friends do as he asks. They say that in ten minutes a white 'Opel' will come for him. Robert waits, and really a white 'Opel' comes after ten minutes. The taxi driver puts Robert's baggage in the car and asks where to go. Robert explains that he doesn't know the address. His friends, who called the taxi, should have given the address to the taxi driver.
"My radio works badly here. So I can't get the address," the taxi driver says, "Find out the address from your friends, please. And it is obligatory to ask them for the telephone number of the taxi service they called," the taxi driver demands.
"Why?" Robert inquires.
"You see, I work only on booking," the taxi driver replies, "Your friends may have called another taxi service. Then it means that another client is waiting for me and I can't take you instead of him."
Robert calls his friends again and wakes them up with his call again. They patiently name the address and the phone number of the taxi service. Robert retells all this to the taxi driver.
"Oh! This is the phone number of another taxi service. This is not the phone number for my taxi service. Then somebody else called me," the taxi driver says and takes Robert's baggage out of the car. Robert is confused.

75

confundido.

"Su servicio de taxi debe tener varios números diferentes," supone Robert, "Me dijeron que un 'Opel' blanco vendría a recogerme en diez minutos. Y usted vino exactamente en diez minutos. Después de todo, usted tiene un 'Opel' blanco, y aquí no hay ningún otro taxi."

"No," dice el conductor de taxi, "Ahora está claro que otro taxi vendrá por usted. El hecho es que mi 'Opel' no es blanco, sino beige. Y usted tiene que esperar por el blanco."

Robert mira para su coche. Puede ser beige. Pero a las tres de la noche, en la oscuridad, no es fácil verlo. El conductor de taxi se desplaza hacia un lado, se detiene y espera por su cliente. Y Robert se queda solo de nuevo al lado del edificio de la estación. Tiene frío y realmente quiere dormir. Pasan diez minutos más, pero el 'Opel' blanco no llega. Los amigos se preocupan y llaman a Robert. Se preguntan por qué todavía no está en su casa. Él les explica lo que ha ocurrido.

En unos minutos vuelven a llamar y le dicen que el coche ya está en el lugar. El servicio de taxis acaba de confirmarlo. Robert da una vuelta por toda el área de la estación, pero no encuentra su taxi. El tiempo pasa, y ya son las tres y media. Los amigos de Robert quieren ir a dormir. Empiezan a ponerse nerviosos. No comprenden por qué Robert no puede encontrar su taxi. Vuelven a llamarlo y le dicen el número del coche. A Robert le parece que está teniendo un sueño eterno y desagradable. Rodea toda la estación, llevando el pesado equipaje tras él, y examinando los números de los coches. Pero no hay ningún coche con ese número. Cuando de repente, después de caminar mucho tiempo, descubre que el número coincide con el del coche de aquel conductor del 'Opel' beige.

Robert está muy enfadado. Vuelve al conductor del taxi y le explica todo eso. Hace todo lo posible por hablar calmada y educadamente.

"Hum, simplemente piénselo," dice el conductor del taxi, y carga de nuevo el equipaje de Robert en el coche. Robert hace lo que puede por vencer su ira. Después de todo, ¡ya ha caminado por la estación con el pesado equipaje durante una hora y no ha dejado dormir a sus amigos! ¡Y solo porque esta persona rechaza considerar que su coche es blanco! ¡Y a todo responde "Hum"!

"Your taxi service may have several different numbers," Robert supposes, "I was told that a white 'Opel' would come for me in ten minutes. And you came exactly in ten minutes. After all, you have a white 'Opel', and there aren't any other taxis here.

"No," the taxi driver says, "It is now clear that another taxi will come for you. The fact is that my 'Opel' isn't white, but beige. And you have to wait for the white one."

Robert looks at his car. It may be beige. But at three o'clock at night, in the dark, it is not easy to see. The taxi driver drives off to the side, stops and waits for his client. And Robert stands alone again near the building of the station. He is cold and he really wants to sleep. Ten minutes more pass, but the white 'Opel' doesn't come. The friends worry and call Robert. They wonder why he is not at their house yet. He explains to them what happened.

In a few minutes they call again and say that the car is already at the place. The taxi service has just confirmed it. Robert goes around all the area of the station, but doesn't find his taxi. Time passes, and it's already half past three. Robert's friends want to go to sleep. They begin to get nervous. They don't understand why Robert can't find his taxi. They call Robert again and tell him the number of the car. It seems to Robert that he is watching an endless and unpleasant dream. He goes around the entire station, carrying the heavy baggage behind him, and examining the numbers of the cars. But there isn't a car with this number anywhere. When suddenly after walking for a long time he finds out that the number coincides with the car number of that taxi driver of beige 'Opel'.

Robert is very angry. He comes back to the taxi driver and explains to him all this. He tries his best to speak calmly and politely.

"Hum, just think of it," the taxi driver says and loads Robert's baggage into the car again. Robert does his best to overcome anger. After all, he has already walked around the station with heavy suitcase for an hour and didn't let his friends sleep! And just because this person refuses to consider his car white! And to all this he replies "Hum"!

"¿Y qué pasa con el hecho de que su coche no es blanco, sino beige?" pregunta Robert.

"Sí, a mí también me duele que los emisores lo hayan liado todo," responde el conductor del taxi con una expresión calmada en la cara, "Bien, ¿ha confirmado la dirección?"

Por supuesto, Robert ya no recuerda la dirección. Comprende que debe llamar de nuevo a sus amigos. Y le parece que ya no van a estar contentos con su llegada.

"And how about the fact that your car isn't white, but beige?" Robert asks.

"Yes, it hurts me too, that dispatchers mix it up," the taxi driver answers with a calm expression on his face, "Well, have you confirmed the address?"

Of course Robert doesn't remember the address anymore. He understands that he must call his friends again. And it seems to him, that they aren't glad about his arrival anymore.

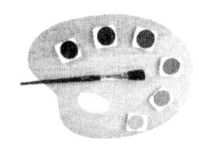

24

Árbol de Navidad
Christmas tree

A

Palabras

1. adiós - bye
2. atan - tie
3. basura - trash
4. broma - prank
5. cabe - fit
6. cargar - loading
7. celebración - celebration
8. chicos - boys
9. compra - purchases
10. concluye - concludes
11. conversación - conversation
12. de acuerdo - okay
13. decoraciones - decorations
14. después - afterwards
15. dificultad - difficulty
16. ellos mismos - themselves
17. entrega - delivery
18. festivo - festive
19. fuegos de artificio - fireworks
20. fuertemente - tightly
21. libre - spare
22. lugar de trabajo - workplace
23. máscaras - masks
24. pie - foot
25. salida - exit
26. superior - top
27. tienda - store
28. tijeras - scissors
29. todos - everyone

B

Árbol de Navidad

A Robert le gusta pasar el tiempo libre leyendo libros. A David le gusta jugar a juegos de ordenador. También le gusta gastarle bromas a su hermana y amigos. La Navidad es la celebración favorita de Robert y David. Van a un supermercado a comprar un árbol de Navidad todos los años. Este año Robert y David también van juntos a un supermercado.

David compra regalos de Navidad para sus familiares en el supermercado. Robert compra decoraciones de Año Nuevo, fuegos de artificio, máscaras y sorpresas divertidas. Después van a escoger un árbol de Navidad. Eligen un árbol alto y bonito. Robert y David lo recogen y lo llevan hasta la salida con dificultad. Pagan por sus compras y se van a la salida. Los chicos no ven que hay un servicio de entregas cercano. Robert y David empiezan a cargar el árbol de Navidad ellos mismos. El árbol de Navidad no cabe en el maletero. Así que deciden atarlo a la parte superior del coche. Robert va a la tienda y compra una cuerda fuerte. Robert y David ponen el árbol de Navidad en la parte superior del coche. Simplemente necesitan atarlo fuertemente. En este momento el teléfono de Robert suena en el coche. Lo llama Gabi, su hermana. Robert se mete en el coche y responde la llamada.

"Hola," dice.

"¡Hola, Robert!" dice Gabi.

"¡Hola, Gabi! ¿Cómo estás?" responde Robert. David empieza a atar el árbol de Navidad él mismo. La conversación de Robert y Gabi dura unos tres minutos.

"Robert, ya he atado el árbol de Navidad," dice David, "Tengo que ir al trabajo urgentemente un minuto, así que vete sin mí. Volveré en veinte minutos," concluye David. Su lugar de trabajo está cerca del supermercado y quiere ir a pie.

"De acuerdo. ¿Has atado el árbol de Navidad fuertemente?" pregunta Robert.

"No te preocupes. Lo he atado bien. Adiós," responde David, sonríe astutamente a Robert y se va.

Christmas tree

Robert likes to spend his spare time reading books. David likes playing computer games. He also likes playing pranks on his sister and his friends. Robert and David have common interests too. They like family celebrations. Christmas is Robert's and David's favorite celebration. They go to a supermarket to buy a Christmas tree every year. This year Robert and David go to a supermarket together as well. David buys Christmas gifts for his relatives in the supermarket. Robert buys ew Year's decorations, fireworks, masks and funny surprises. Afterwards they go to choose a Christmas tree. They choose a fine tall tree. Robert and David pick it up and carry it to the exit with difficulty. They pay for the purchases and go to the exit. The boys don't see that a delivery service is nearby. Robert and David begin loading the Christmas tree themselves. The Christmas tree does not fit in the trunk. So they decide to tie it to the top of the car. Robert goes to the store and buys a strong rope. Robert and David put the Christmas tree on the top of the car. They just need to tie it tightly. At this moment Robert's phone rings in the car. Gabi, his sister, calls him. Robert gets into the car and answers the call.

"Hello," he says.

"Hello, Robert!" Gabi says.

"Hello, Gabi! How are you?" Robert replies. David begins tying the New-Year's tree himself. Robert's and Gabi's conversation lasts about three minutes.

"Robert, I have already tied the Christmas tree," David says, "I have to go to work urgently for a minute, so go without me. I'll come in about twenty minutes," David concludes. His workplace is near the supermarket and he wants to go there on foot.

"Okay. Have you tied the Christmas tree tightly?" Robert asks.

"Don't worry. I've tied it well. Bye," David replies, smiles slyly to Robert and leaves.

Robert conduce hasta la casa de David. Por el camino, otros conductores le sonríen. Robert también les sonríe a ellos. ¡Hoy todos tienen ánimo festivo! Robert conduce hasta la casa de David. Detiene el coche. Robert intenta abrir la puerta. Pero la puerta no se abre. Ahora Robert ve que la cuerda pasa a través de las ventanillas abiertas. No puede salir porque David también ha atado las puertas. Robert llama a los padres de David. La hermana de David responde la llamada.

"Sí," responde la llamada Nancy.

"Nancy, soy Robert. ¿Podrías salir? Y trae unas tijeras, por favor," pide Robert. Nancy sale y ve a Robert sentado dentro del coche y que no puede salir. Empieza a reírse. Además ve un cubo de basura cerca del coche. Robert corta la cuerda y sale del coche. También ve el cubo de basura. Robert ve que la cuerda está atada al cubo de basura. ¡Robert estuvo conduciendo con el cubo de basura detrás todo el camino! ¡Es una broma que David le gastó cuando estaba hablando con Gabi!

"¡Ahora veo por qué sonreían los conductores!" ríe Robert. No está enfadado con David, pero ya sabe qué broma va a gastarle.

Robert drives to David's house. On his way other drivers smile at him. Robert also smiles at them. Everyone has a festive mood today! Robert drives up to David's house. He stops the car. Robert tries to open the door of the car. But the door doesn't open. Now Robert sees that the rope goes through the open windows. He can't get out because David also tied the doors. Robert calls David's parents. David's sister answers the call.

"Yes," Nancy answers the call.

"Nancy, this is Robert. Could you go outside? And bring scissors, please," Robert asks. Nancy goes outside and sees that Robert sits in the car and can't get out. She starts laughing. Besides, she sees a trash can near the car. Robert cuts the rope and gets out of the car. He sees the trash can too. Robert sees that the rope is tied to the trash can. Robert was driving with the trash can behind all way! It is a prank that David played on him when Robert was talking to Gabi!

"Now I see why the drivers smiled!" Robert laughs. He isn't angry with David, but he already knows what prank he will play on him.

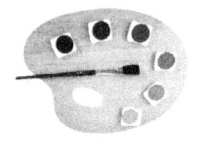

25

Gran incendio
Big fire

A

Palabras

1. acción - action
2. apagar - switch
3. cariño - darling
4. cigarrillo - cigarette
5. cine - cinema
6. cómodamente - comfortably
7. culpa - fault
8. disfruta - enjoy
9. escena - scene
10. fotos - photos
11. grifo - faucet
12. incómoda - uneasy
13. influencia - influence
14. inundación - flood
15. mujer - wife
16. olvidé - forgot
17. pasar - spend
18. película - film
19. película - movie
20. perdona - forgive
21. plancha - iron
22. quema - burns
23. se coloca - settles
24. valiosas - valuable
25. vestíbulo - hall

B

Gran incendio

Los padres de David y Nancy suelen pasar los fines de semana en casa. Pero hoy Linda y Christian van al cine. Christian cierra la puerta. No hay nadie en casa. David y Nancy fueron a visitar a Robert y Gabi.

Linda y Christian entran en el vestíbulo del cine y toman sus asientos. Comienza la película. Es una película de acción. A Linda y Christian les gustan las películas de acción. De repente Linda dice: "¡Cariño! Me parece que se te olvidó apagar un cigarrillo en casa."

"Solo te lo parece a ti. Todo está bien. Tranquilízate y disfruta la película," responde Christian en voz baja a su mujer.

"Sí, tienes razón, Christian," dice Linda. Se coloca cómodamente en la silla, sonríe y mira la película. Pero de repente aparece una escena de incendio en la película. Linda grita: "¡Christian! ¿Y si yo me olvidé de apagar la plancha?"

"Linda, ¡la película ejerce sobre ti una mala influencia!" dice Christian. Linda intenta calmarse. Pero no dura mucho. Dice otra vez: "Christian, ¿por qué no puedes entenderlo? ¡El fuego lo quema todo - documentos, dinero, fotos, cosas valiosas! ¡No puedo seguir aquí sentada!" Linda se levanta y va a la salida. Christian corre tras ella. Toman un taxi y van a casa. Christian está muy molesto. Quería pasar la noche con su mujer viendo una película interesante.

"Linda, lo siento, ¡pero a veces lo estropeas todo! ¡Tenía muchas ganas de ver una película contigo y después caminar por la ciudad por la noche, ir a una cafetería!" dice Christian. Linda se siente culpable.

"¡Perdóname, Christian! Me siento muy incómoda," le dice Linda a su marido. Christian agradece que su mujer admita su culpa. Llegan a la casa y salen del coche.

"¡Christian!" grita Linda. Miran hacia su casa. ¿Y qué ven? Delante de la casa hay un camión de bomberos y varios policías. Christian y Linda corren al interior de la casa. ¡No hay un incendio, sino una inundación! Linda se olvidó de cerrar un grifo cuando salió con su marido al cine.

Big fire

David and Nancy's parents usually spend their weekends at home. But today Linda and Christian are going to the cinema. Christian locks the door. There is nobody at home. David and Nancy went to visit Robert and Gabi.

Linda and Christian come into the cinema hall and take their sits. The movie begins. It's an action movie. Linda and Christian like action movies. Suddenly Linda says: "Darling! It seems to me that you forgot to put out a cigarette at home."

"It just seems to you. Everything is okay. Calm down and enjoy the film," Christian replies quietly to his wife.

"Yes, you're right, Christian," Linda says. She settles down comfortably in the chair, smiles and watches the film. But suddenly a fire scene appears in the film. Linda cries out: "Christian! What if I forgot to switch off the iron?"

"Linda, the film has a bad influence on you!" Christian says. Linda tries to calm down. But it does not last long. She says again: "Christian, why can't you understand? Fire burns everything - documents, money, photos, valuable things! I can't sit here anymore!" Linda gets up and goes to the exit. Christian runs after her. They take a taxi and go home. Christian is very upset. He wanted to spend this evening with his wife watching an interesting film.

"Linda, I am sorry, but sometimes you spoil everything! I wanted to watch a film with you so much and then walk in the city at night, go to a café!" Christian says. Linda feels guilty.

"Forgive me, Christian! I just feel very uneasy," Linda says to her husband. Christian is pleased that his wife admits her fault. They arrive at their house and get out of the car.

"Christian!" Linda cries. They look at their house. And what they see? In front of the house there is a fire truck and several policemen. Christian and Linda run into the house. There isn't a fire, but a flood! Linda forgot to turn off a faucet, when she went out with her husband to the cinema.

26

¡Cuidado con el perro enfadado!
Beware of angry dog!

A

Palabras

1. anormalmente - unusually
2. cadena - chain
3. caseta - doghouse
4. chocó - crashed
5. conocido - acquaintance
6. conociendo - knowing
7. corrió - rushed
8. disciplinado - disciplined
9. escalofrío - chill
10. estiró - stretch
11. extrañamente - strangely
12. fuertemente - strongly
13. goma - rubber
14. hilo - thread
15. humor - temper
16. ladrando - barking
17. ladrar - bark
18. marca - dials
19. médico - medical
20. metros - meters
21. rompió - tore
22. sin embargo - nevertheless
23. temporal - temporary
24. tiró - threw
25. torniquete - tourniquet
26. usando - using
27. verja - gate
28. vi - saw

B

¡Cuidado con el perro enfadado!

Un día, Robert va a visitar a un conocido. Tiene un perro grande en casa. El perro está normalmente atado a una cadena cerca de su caseta. El aviso en la verja 'Cuidado con el perro enfadado' es completamente cierto. Conociendo el humor del perro, Robert se detiene lejos de la verja y marca el número de teléfono de su conocido. Quiere que su conocido salga y agarre a su perro. Después Robert puede entrar rápidamente en la casa.

El perro sin embargo oye a Robert y corre desde la caseta a ladrar. Incluso aunque Robert está separado del perro por una valla, siente un escalofrío en su interior - el enorme perro está atado solo a una cuerda fina, casi un hilo…

Pero esta vez el perro se comporta extrañamente. Corre hacia Robert pero mira hacia atrás, hacia la cuerda, todo el tiempo. Corre hasta un lugar, donde la cuerda se estira un poquito, y se detiene. Y solo entonces empieza a ladrarle fuertemente a Robert. Su conocido sale y sujeta al perro. Robert y su conocido entran en la casa.

"¿Por qué está tan anormalmente disciplinado?" pregunta Robert, "Antes casi rompía la cadena - corría para atacar tan fuertemente."

"No solo la cadena," responde el conocido de Robert, "¿Con qué no lo habré atado? Lo intenté todo. Cuando rompió la última cadena fuerte, no había nada más con qué atarlo. Solo tenía un torniquete médico de goma. Bien, pensé, lo ataré temporalmente hasta que vaya a la tienda por una nueva cadena. Lo até y justo entonces vino un vecino. Así que, como siempre el perro corrió ladrando. ¡Pero esta vez el torniquete de goma se estiró y después tiró del perro hacia atrás alrededor de tres metros! Chocó contra la caseta. Después ocurrió lo mismo unas cuantas veces más. Al día siguiente vi que el perro se había vuelto cuidadoso. Miraba todo el tiempo que el torniquete no se estirara. No tenía tiempo de ir a comprar una cadena nueva. Y mi madre necesitó el torniquete recientemente. Se lo saqué y se lo di a ella. Ya he estado usando esta cuerda fina varios días. ¡Pero el perro se volvió cuidadoso!"

Beware of angry dog!

One day, Robert goes to visit his acquaintance. He has a big dog at home. The dog is usually tied to a chain near its doghouse. The notice on the gate 'Beware of angry dog' is completely true. Knowing the dog's temper, Robert stops far away from the gate and dials the acquaintance's phone number. He wants his acquaintance to go out and hold his dog. Then Robert can quickly go in the house.

The dog nevertheless hears Robert and runs from the doghouse to bark. Even though Robert is separated from the dog by a fence, he feels a chill inside - the huge dog is tied only to a thin rope, almost a thread...

But the dog behaves strangely this time. It runs to Robert but looks back at the rope all the time. It runs to a place, where the rope stretches a little, and stops. And only then it starts barking loudly at Robert. His acquaintance comes out and holds the dog back. Robert and his acquaintance go into the house.

"Why is it so unusually disciplined?" Robert asks, "Before, it almost tore the chain - it rushed to attack so strongly."

"Not only the chain," Robert's acquaintance replies, "What haven't I tied it with? I tried everything. When it tore the last strong chain, there wasn't anything any more with which to tie it. I only had a medical rubber tourniquet. Well, I thought, I'll tie it temporary till I go to a store for a new chain. I tied it and just then a neighbor came by. So, the dog as always rushed barking. But this time the rubber tourniquet stretched and then threw the dog back by about three meters! It crashed into the doghouse. Then the same happened a few more times. The next day I saw that the dog became careful. It watched all the time that the tourniquet didn't stretch. I didn't have time to go for a new chain. And my mom recently needed the tourniquet. I took it off and gave it to her. I have been using this thin rope for several days already. But the dog became careful!"

27

El error de Mars
Mars's mistake

A

Palabras

1. acabado - ended
2. alfombra - carpet
3. aparece - appear
4. archivo - file
5. bajo - under
6. cable - cord
7. casero - household
8. clavija - plug
9. cogido - caught
10. de un ejecutor - executioner's
11. eléctrico - electric
12. empujar - pushing
13. enchufe - socket
14. exitosamente - successfully
15. huracán - hurricane
16. Mars - Mars
17. medieval - medieval
18. opción - option
19. pantalla - screen
20. pata - paw
21. paz - peace
22. perdonado - forgiven
23. raras veces - seldom
24. sensatas - sensible
25. sillón - armchair
26. suerte - lucky
27. tiene éxito - succeeds

B

El error de Mars

Una noche, David está sentado en un sofá y leyendo una revista. Su madre está sentada cerca, en el ordenador y trabajando un poco. Paz y tranquilidad… Y aquí el gato Mars entra corriendo en la habitación. ¡Es un auténtico huracán casero! En solo cinco segundos corre alrededor de la habitación tres veces, trepa a una alfombra, salta directamente sobre David, después se mete bajo el sofá, sale de allí, se sacude y hace otros cientos de cosas no muy sensatas. Después el gato se sienta en el medio de la habitación y piensa - ¿qué más podría hacer? Jugar con alguien de la familia no es una opción ahora mismo. En ese momento el gato se da cuenta de que hay un cable eléctrico del ordenador. El gato salta sobre un sillón y empieza a jugar con el cable eléctrico. Antes de que a David le de tiempo de hacer nada, el gato se las arregla para acabar la tarea que ha empezado. La clavija eléctrica se sale un poquito del enchufe. Y… ¡el ordenador se apaga! La madre de David mira hacia la pantalla negra y no se da cuenta de lo que está pasando. De repente recuerda que guardó un archivo en el ordenador dos horas antes. Entonces Linda lentamente se gira hacia el gato y una sonrisa de ejecutor medieval empieza a aparecer en su cara. El gato empieza a pensar que el fin de su feliz vida está llegando. Pero ha maullado tan poquito, ha cogido tan pocos ratones, ha jugado tan raras veces con la gata vecina Fedora. Y entonces Mars se gira hacia la clavija que no está completamente fuera del enchufe, y con su pata empieza a empujarla de nuevo dentro del enchufe. Probablemente espera que si puede arreglarlo todo, será perdonado. ¡Y tiene éxito! ¡La clavija se pone en su sitio y el ordenador se enciende! Mars deja rápidamente la habitación y se acuesta junto a una ventana en la cocina. Mira hacia la calle y probablemente piensa que debe tener suerte de que todo haya terminado tan exitosamente.

Mars's mistake

One evening, David is sitting on a couch and reading a magazine. His mom is sitting nearby at the computer and doing some work. Peace and quiet… And here the cat Mars rushes into the room. It is a real household hurricane! In just five seconds it runs around the room three times, climbs on a carpet, jumps off there directly on David, then gets under the couch, gets out of there, shakes himself off and does a hundred other not very sensible things. Then the cat sits down in a middle of the room and thinks - what else should it do? Playing with someone from the family is not an option right now. At this point the cat notices a computer electric cord. The cat jumps on an armchair and starts playing with the electric cord. Before David has time to do anything, the cat manages to finish the task it has started. The electric plug goes a little out of the socket. And… the computer turns off! David's mother looks at the black screen and does not realize what's going on. Suddenly she remembers that she saved a file on the computer two hours ago. Then Linda slowly turns to the cat and a medieval executioner's smile starts to appear on her face. The cat begins feeling that the end of its happy life is coming. But it has meowed so little, it has caught so few mice, it has played so seldom with the neighbor cat Fedora. And then Mars turns to the plug that isn't completely out of the socket, and with its paw starts pushing it back into the socket. It probably hopes that if it can fix everything, it will be forgiven. And it succeeds! The plug goes into its place and the computer turns on! Mars quickly leaves the room and lies down by a window in the kitchen. It looks at the street and probably thinks it must be lucky that everything ended so successfully.

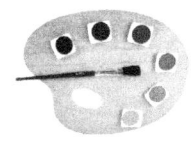

28

Colándose en la cola
Cutting in line

A

Palabras

1. antiguo - former
2. barra - loaf
3. caja - cash
4. circunstancias - circumstances
5. colándose - cutting
6. compadre - chap
7. compañero de colegio - schoolmate
8. contra - against
9. conveniencia - convenience
10. descaro - impudence
11. desde - since
12. dichas - said
13. director - manager
14. disculpe - apologize
15. enojada - outraged
16. esos - those
17. explicación - explanation
18. kilogramo - kilogram
19. modesto - modest
20. muestras - samples
21. organización - organization
22. orgullosamente - proudly
23. pan - bread
24. pisaban - stepped
25. queso - cheese
26. rabiosamente - angrily

27. registradora - register
28. riesgo - risk
29. salchicha - sausage
30. se dirige - addresses
31. señor - mister
32. sujeta - supports
33. supervisora - supervising
34. tomate - tomato
35. vendedora - saleswoman
36. vendidos - sold
37. venganza - revenge
38. zumo - juice

B

Colándose en la cola

Un día David va a una tienda de conveniencia a comprar salchichas y queso. Hay un montón de gente en la tienda. David coge sitio en la cola y mira alrededor. El antiguo compañero de David, Michael, entra en la tienda y va directamente a la caja registradora, sin prestar ninguna atención a la cola. Michael era un chico modesto en el colegio. Si alguien le pisaba el pie, era él quien se disculpaba. No ha cambiado desde entonces, y si decidió saltarse la cola, entonces las circunstancias son muy serias, seguro. Habiéndose disculpado ante la cola varias veces, Michael se dirige a la vendedora por su nombre: "Julia, dame un kilogramo de salchichas, una barra de pan y un paquete de zumo de tomate, por favor."

Sorprendida por un momento de semejante descaro, la cola se siente enojada con Michael. Michael dice 'Lo siento' o 'Disculpe' ante cada una de las frases dichas en su contra. Cuando se disculpa una vez más y se separa de la cola, la gente habla con la vendedora pidiendo una explicación.

"¡Hola, Michael!" le dice David con una sonrisa, "¿Cómo estás, viejo compadre?"

"¡David!" dice Michael, "¡Hola, querido! ¡Hace mucho que no nos vemos!"

Pero la gente de la cola no se tranquiliza. Una pequeña anciana exige ver al director.

"Señor director," dice la vendedora al antiguo compañero de colegio de David, "¡Están exigiendo hablar con usted!"

¡Aunque sea el director, todavía no tiene derecho a romper las reglas!" grita la anciana con rabia. Golpea la pierna de Michael con su bolsa y se marcha de la tienda orgullosamente. David sujeta a Michael para que no se caiga. Miran hacia las

Cutting in line

One day, David goes into a convenience store to buy some sausage and cheese. There are a lot of people in the store. David takes a place in the Line and looks around. David's former schoolmate, Michael, enters the store and goes right to the cash register, without paying any attention to the Line. Michael was a modest boy at school. If somebody stepped on his foot, he was the one who apologized. He has not changed since then, and if he decided to jump the Line, then the circumstances are very serious for sure. Having apologized to the Line several times, Michael addresses the saleswoman by name: "Julia, give me a kilogram of sausage, a loaf of bread and a pack of tomato juice, please."

Surprised for a moment by such impudence, the Line gets outraged with Michael. Michael says 'I'm sorry' or 'I apologize' to every phrase said against him. When he apologizes once more and walks away from the Line, people talk to the saleswoman demanding an explanation.

"Hello, Michael!" David says to him with a smile, "How are you, old chap?"

"David!" Michael says, "Hello, my dear! Long time no see!"

But people in the Line do not calm down. A little old woman demands the manager.

"Mister manager," the saleswoman says to David's former schoolmate, "They are demanding you!"

"Although you're the manager, you still don't have the right to break the rules!" the old woman cries angrily. She hits Michael's leg with her bag and proudly leaves the store. David supports Michael so that he does not fall. They

88

demás personas de la cola con precaución. Pero esos están satisfechos con la venganza de la anciana y se dan la vuelta ante ellos.

"Una organización supervisora demanda urgentemente muestras de algunos alimentos vendidos en nuestra tienda," explica Michael a David, "No pensé que correría un riesgo cuando le pedí a la vendedora que me diera esas muestras."

look at the other people in the Line with caution. But those are satisfied with the old woman's revenge and turn away from them.

"A supervising organization urgently demands samples of some of the food sold in our store," Michael explains to David, "I didn't think I would take a risk when I asked the saleswoman to give me these samples."

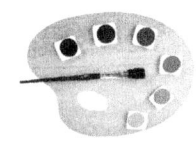

29

Asiento número trece
Seat number thirteen

A

Palabras

1. alegremente - gladly
2. asiento - seat
3. ayer - yesterday
4. besa - kisses
5. borra - deletes
6. bus - bus
7. cargarlo - charge
8. casarse - marry
9. cerrar - log
10. conexión - connection
11. conocido - acquaintance
12. cuenta - account
13. ejercicio - exercise
14. ejército - army
15. enrolar - joining
16. español - Spanish
17. estudiar - study
18. frases - sentences
19. inesperadamente - unexpectedly
20. libro de texto - textbook
21. llama - calling
22. llorar - cry
23. luz - light
24. mensaje - message
25. no puede - cannot
26. parte - departs
27. perder - waste
28. perfil - profile
29. portátil - laptop
30. preocupada - worried
31. puso - post
32. sonar - ringing
33. tablet - tablet
34. texto - text
35. traducir - translate
36. transcurren - pass
37. tranvía - tram
38. trece - thirteen
39. túnel - tunnel
40. Twitter - Twitter

B

Asiento número trece

Robert va a visitar a su amiga Elena. No quiere que ella lo sepa porque quiere llegar inesperadamente. Quiere pedirle que se case con él.

Robert compra un billete de autobús. Lleva dos horas llegar allí. Robert no quiere perder este tiempo. Se lleva un libro con él. Quiere estudiar español.

Robert entra en el bus. Tiene el asiento número trece. Un hombre está sentado a su lado. El bus parte de la estación. Robert saca su libro de texto. Empieza a hacer el primer ejercicio. Robert tiene que traducir un texto. Traduce solo dos frases, cuando su teléfono empieza a sonar. Es David quien llama.

"Hola Robert. ¿Es cierto?" pregunta David.

"Sí, es cierto," responde Robert, "Bueno... ¿cómo lo descubriste?"

"Lo leí en Twitter. ¡Es genial! Es una pena que no nos vayamos a ver pronto. ¡Te deseo buena suerte!" dice David, y termina la conversación.

Robert no comprende. ¿Por qué no se van a ver pronto? Tampoco puso en Twitter que iba a pedirle a Elena que se casara con él. Robert saca el libro de texto de nuevo. Intenta estudiar español. Transcurren alrededor de quince minutos. El teléfono vuelve a sonar. El número de teléfono de Lena está en la pantalla.

"Hola Robert," dice Lena.

"Hola Lena," responde Robert.

"¿Por qué no me lo dijiste?" Elena empieza a llorar, "Te esperaré…"

El bus entra en un túnel y la conexión se rompe. Robert está confundido. Mira hacia el libro de texto, pero no puede estudiar. Piensa en las extrañas llamadas. Después ve el número trece de su asiento. Robert se siente intranquilo. Saca el teléfono para llamar a Elena. La pantalla del teléfono no se enciende. Robert se olvidó de cargarlo.

El bus llega a la ciudad de Elena una hora después. Robert sale de la estación y toma un tranvía hasta la casa de Elena. Llega a su casa inesperadamente y Lena está muy preocupada.

Seat number thirteen

Robert is going to visit his friend Elena. He doesn't let her know because he wants to come unexpectedly. He wants to ask her to marry him. Robert buys a bus ticket. It takes two hours to get there. Robert doesn't want to waste this time. He takes a textbook with him. He wants to study Spanish.

Robert gets on the bus. He has seat number thirteen. A man sits down next to him. The bus departs from the station. Robert takes out his textbook. He begins doing the first exercise. Robert has to translate a text. He translates only two sentences, when his phone starts ringing. This is David calling.

"Hi Robert. Is it true?" David asks.

"Yes, it is true," Robert answers, "Well... how did you find out about it?"

"I read it on Twitter. It's great! It's pity we won't see each other soon. I wish you good luck!" David says and finishes the conversation.

Robert doesn't understand. Why won't we see each other soon? He also did not post on Twitter that he was going to ask Elena to marry him. Robert takes out the textbook again. He tries to study Spanish. About fifteen minutes pass. The phone rings again. Lena's phone number is on the screen.

"Hi Robert," Lena says.

"Hi Lena," Robert answers.

"Why didn't you tell me?" Elena begins to cry, "I will wait for you..."

The bus goes into a tunnel and the connection breaks. Robert is confused. He looks at the textbook, but cannot study. He thinks about the strange calls. Then he sees the number thirteen on his seat. Robert feels uneasy. He takes out the phone to call Elena. The telephone screen does not light up. Robert forgot to charge it.

The bus arrives in Elena's city an hour later. Robert goes out to the station and takes a tram to Elena's house. He comes to her house unexpectedly and Lena is very worried.

"Hi Lena," he says and hugs her.

"Hi Robert," Elena answers. She is glad that

"Hola Lena," le dice, y la abraza.
"Hola Robert," responde Elena. Está contenta de que Robert viniera. Lo besa.
"¿Por qué me dijiste que me esperarías?" pregunta Robert, "¿Esperar a que vuelva de dónde?"
"Leí en Twitter que vas a enrolarte en el ejército," dice.
Robert recuerda que ayer por la noche escribió algo en Twitter en la tablet de un conocido y se olvidó de cerrar sesión en su perfil. Robert comprende que su conocido le gastó una broma. Le pide a Lena que encienda su portátil. Entra en su cuenta y borra el mensaje "Voy a enrolarme en el ejército." Robert y Elena ríen. Robert llama a David y le cuenta toda esta historia. También dice que Lena aceptó casarse con él.
"¡Estoy realmente contento de que vayas a casarte en lugar de enrolarte en el ejército!" Dice David alegremente.

Robert came. She kisses him.
"Why did you tell me you would wait for me?" Robert asks, "Wait for me to return from where?"
"I read on Twitter that you are going to join the army," she says.
Robert recalls that yesterday evening he wrote something on Twitter on his acquaintance's tablet and forgot to log out of his profile. Robert understands that his acquaintance played a prank. He asks Lena to switch on her laptop. He goes into his account and deletes the message "I am going to join the army." Robert and Elena laugh. Robert calls David and tells him all this story. He also says that Lena agreed to marry him.
"I am really glad that you are going to get married instead of joining the army!" David says gladly.

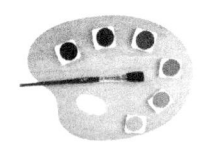

30

Tareas
Homework

A

Palabras

1. clase - class
2. competente - capable
3. contento - glad
4. espantosamente - awfully
5. grado - grade
6. hecho - done
7. hoja - sheet
8. regaña - scolds
9. sin revisar - unchecked
10. solo - single
11. tarde - afternoon
12. tonto - silly

B

Tareas

Nancy va en tercer grado en la escuela. Linda y Christian prestan mucha atención a sus estudios. Siempre revisan sus tareas. Pero es difícil para ellos revisar español. Así que David siempre revisa español. Nancy es una niña

Homework

Nancy goes to the third grade at school. Linda and Christian pay a lot of attention to her studies. They always check her homework. But it is difficult for them to check Spanish. So David always checks Spanish. Nancy is a capable girl. But she does not

93

competente. Pero no estudia español bastante. Así que David la ayuda a estudiar mucho.

Después de algún tiempo Nancy empieza a hacer los ejercicios sin errores. Christian y Linda están muy contentos de que estudie español bien.

Una vez cada noche David siempre revisa la tarea de su hermana en español. Ve que todo está correctamente hecho. No hay ni un solo error. David está muy contento. Muestra la tarea de su hermana a Christian y Linda. Todos están muy contentos y alaban a Nancy.

Pero la mañana siguiente Linda ve una hoja de papel con la tarea que David revisó ayer sobre el pupitre de su hija. Linda se da cuenta de que su hija se ha olvidado esta hoja de papel sobre el pupitre. Está preocupada por su hija, porque ha ido a clase sin su tarea hoy.

Nancy vuelve a casa por la tarde y Linda le pregunta:

"¿Te has olvidado tu tarea de español para hoy?" dice, "¿Ahora te han puesto una nota baja en ello?"

"No, mamá" le responde la hija, "Está bien la tarea. He sacado una buena nota. ¿Por qué piensas eso?" dice Nancy sorprendida.

"¿Has sacado una buena nota?" Linda también está sorprendida, "¿Pero cómo es posible? Está aquí, sobre el pupitre. Esta es tu tarea de hoy, la que revisó David."

"Es la tarea de ayer," le explica la hija, "La revisamos en clase ayer."

Linda no puede comprender qué está pasando…

"¿Y por qué le pediste a David que revisara una tarea antigua que ya había sido revisada en clase?" pregunta Linda, "¿Por qué no le pediste que revisara la tarea que te han dado para hoy?"

"Por qué no puedes entender," le dice la hija, "Sería tonto mostrarle trabajo sin revisar. ¡David me grita y regaña espantosamente por cada error! Así que le doy la tarea de ayer que ya hemos revisado en el colegio."

study Spanish well. So David helps her study a lot. After some time Nancy begins doing all the exercises without mistakes. Christian and Linda are very glad that she studies Spanish well.

Once in the evening David as always checks his sister's homework in Spanish. He sees that everything is done correctly. There isn't a single mistake. David is very glad. He shows his sister's home work to Christian and Linda. All are very happy and praise Nancy.

But next morning Linda sees a sheet of paper with homework that David checked yesterday on her daughter's desk. Linda realizes that her daughter has forgotten this sheet of paper on the desk. She is worried about her daughter, because she has gone to the lesson without her homework today. Nancy comes back home in the afternoon and Linda asks her:

"Have you forgotten your homework in Spanish for today?" she says, "Now you've got a poor grade for it?"

"No, mom" the daughter replies to her, "It's all right with the assignment. I've got a good grade for it. Why do you think so?" Nancy says in surprise.

"You've got a good grade for it?" Linda is surprised too, "But how is it possible? It is here on the desk. This is your today's homework, that David checked."

"It is yesterday's homework," the daughter explains to her, "We checked it in class yesterday."

Linda can't understand what's going on…

"And why did you ask David to check an old homework that had already been checked in class?" Linda asks, "Why didn't you ask him to check the assignment that was given to you for today?"

"Why can't you understand," the daughter says to her, "It would be silly to show him unchecked work. David shouts and scolds me awfully for every mistake! So I give him yesterday's assignment that we have already checked at school."

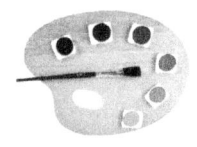

Spanish-english dictionary

Aa
a menudo - often
a sí mismo - himself
a veces - sometimes
abierta - open
abraza - hugs
acabado - ended
acariciando - petting
accidentalmente - accidentally
acción - action
aceptable - competent
acompaña - accompanies
aconseja - advise
acordarse - remember
activa - active
acuario - aquarium
acuerdo - according
adecuado - suitable
adelanta - overtakes
además - besides, moreover
adiós - bye
adjuntada - attached
adjunto - deputy
admira - admires
admito - admit
agua - water
ahora - now
al azar - random
al lado - by
alabar - praise
alacenas - cabinets
alcanza - reach
aldea - village
alegre - cheerful
alegremente - gladly, joyfully, merrily
alfombra - carpet
algo - something
alguien - somebody, someone
algún sitio - somewhere
algunos - some
alimenta - feed
allí - there
alma - soul
alrededor - about, around
alternativa - alternative
alto - tall
amable - kind
amanecer - daybreak
amarillo - yellow
ambiente - environment
amigo - friend
amigos - friends
amor - love
anciana - old
animadamente - cheerfully
animal - animal
anormalmente - unusually
antes - before, earlier
antigua - ancient
antiguo - former
año - year; años - years
apagar - switch
aparearse - mating
aparece - appear, appears
apariencia - appearance
aparta - away; chases
apartamento - apartment
apenas - almost
aperitivo - snack
apetitoso - appetizing
aprendió - learned
aprieta - presses
aquí - here
árbol - tree
archivo - file
arquitecto - architect
arreglar - fix
arte - art
artículos - articles
artista - artist
ascensor - elevator
aseando - cleaning
así que - so
asiático - Asian
asiente - nods
asiento - seat
asignatura - subject
asistir - attend
asombro - amazementm, astonishment
astutamente - slyly; astuto - sly
asuntos - matters
asustada - frightened, scared
ata - ties
ataca - attacks

atan - tie
atención - attention
atenta - attentively
atrás - back
atrevida - daring
aula - classroom
aunque - although, though
auténtica - real
autor - author
aventuras - adventures
avergonzados - embarrassment
avión - plane
avisarla - warn
ayer - yesterday
ayuda - help, helps
Bb
baja - low; off
bajo - under
banco - bench
bañador - swimsuit
bárbaro - barbarian
barra - loaf
bastante - quite
basura - garbage, trash
bat - bat
bebe - drinks
beben - drink
beber - drinking
beige - beige
belleza - beauty
beneficencia - charity
besa - kisses
Biblia - Bible
biblioteca - library
bien - well; bien alimentado - well-fed
billete - ticket
blanco - white
boca - mouth
bolsa - bag
bonificaciones - bonuses
bonito - beautiful, fine
borra - deletes
bosque - forest
brazos - arms
bribón - scoundrel
brilla - shining
brillante - bright
broma - prank
bromean - joke

bueno - good
bus - bus
Cc
cabe - fit
cabello - hair
cabeza - head, mind
cabina - cabin
cable - cord
cada - each
cadena - chain
cae - fall
café - coffee
cafetería - café
caja - cash
cajón - drawer
calle - street
calmadamente - calmly
cama - bed
camarero - waiter
cambiar - change
caminando - walking
camiones - trucks
campo - field
cansada - tired
cantan - sing
cantando - singing
capital - capital
caprichoso - capricious
cara - face
caramelo - candy
carga - loads
cargar - loading
cargarlo - charge
cariño - darling
caro - expensive
carretera - road
carta - letter; menu
casa - home, house
casado - married
casaron - got
casarse - marry
casero - household
caseta - doghouse
caso - case
catedral - cathedral
caza - catches
celebración - celebration
cena - dinner
centímetros - centimeters

centro - centre
ceño - frown
cerca - near
cercana - nearby
cerrar - close; log
cestos - baskets
chamán - shaman
champiñón - mushroom
chat - chat
chef - chef
chico - guy
chicos - boys
chocó - crashed
cientos - hundred
cierto - true
cigarrillo - cigarette
cinco - five
cine - cinema
circunstancias - circumstances
ciudad - city
ciudad de residencia - hometown
claramente - distinctly
claro - clear
clase - class, classes, lesson
clavija - plug
cliente - client
coche - car
cocina - cuisine, kitchen
cocinar - cooking
cocodrilo - crocodile
coge - grabs, takes
cogido - caught
cogió - took
coincide - coincides
colándose - cutting
colegas - colleagues
colegio - school
colgando - hanging
collar - collar
come - eat
comer - eating
comida - food; lunch; meal
cómo - how
cómodamente - comfortably
compadre - chap
compañero de colegio - schoolmate
compartimento - compartment
competente - capable
completamente - absolutely, completely

complicado - complicated
compone - composes
composición - composition
compra - purchases
comprado - bought
comprar - buy; compra - buys
comprende - understand, understands
comprendió - understood
comprobar - check
con - with
con descontento - discontentedly
con entusiasmo - emotionally, enthusiastically, excitedly
con satisfacción - contentedly
concepto - concept
concluye - concludes, finishes
conduce - drives
conductor - driver
conexión - connection
confesión - confession
confirmado - confirmed
confundida - confused
confusión - confusion
conocido - acquaintance; met
conociendo - knowing
conocimiento - knowledge
considera - considers
construcción - building; construction
constructores - builders
consulta - surgery
contento - glad
continúa - continues
continuó - continued
contra - against
contraste - contrast
contrata - hire
convence - convinces
convencional - ordinary
conveniencia - convenience
conversación - conversation
convincente - convincing
copiando - copying
copié - copied
corre - runs
correa - leash
correctamente - correctly
corregir - correct
correr - run
corriendo - running

corrió - rushed
cortadas - cut
corto - short
cosa - thing
costumbres - customs
crece - grows
crecer - grow
cree - believes
cruce - intersection
cuadro - picture
cualquier - anybody; any
cuando - as
cuándo - when
cuarenta - forty
cuarto - fourth
cuatro - four
cubo - bucket
cuelga - hangs
cuelgan - hang
cuenta - account, bill
cuerda - rope
cuero - leather
cuestan - cost
cuidadosamente - carefully
cuidadoso - careful
cuidas - care
culinario - culinary
culpa - fault
culpable - guilty
cumpleaños - birthday
cumplido - compliment
curioso - curious
Dd
da - gives
da clase - lectures
dado - given
dando - giving
dar - give
de - from, of
de acuerdo - OK, okay
de Ann - ann's
de cerca - closely
de colores - colorful
de constructor - builder's
de más abajo - lowermost
de muñecas - doll's
de nada - welcome
de ocho años - eight-year-old
de primera - top-notch

de repente - suddenly
de Robert - robert's
de todas formas - anyway
de un ejecutor - executioner's
debe - must
debería - should
decide - decides
decidí - decided
décimo - tenth
decoraciones - decorations
dedo - finger
defecto - defect
definitivamente - certainly, definitely
deja - let
deja caer - drops
dejaría - would
del perro - dog's
delante - front
delicioso - delicious
dental - dental
dentista - dentist
dentro - inside
departamento - department
desagradable - unpleasant
desaparecido - gone
descansa - rest
descaro - impudence
desconsideradamente - thoughtlessly
descubrir - spot
desde - since
desesperado - despair
desgraciadamente - unfortunately
desmayado - fainted
despacio - slowly
despedido - fired
despedir - dismiss
despido - dismissal
despierta - wakes
después - after, afterwards
detalle - detail
detener - detain, stop
detrás - behind
día - day; días - days
dice - says, tells
dichas - said
dicho - told
diciendo - telling
diente - tooth
diez - ten

diferente - different
difíciles - difficult
dificultad - difficulty
dinero - money
dios - god
dirección - address, directions
directamente - directly, straight
director - director, manager
disciplinado - disciplined
disculpe - apologize
discuten - discuss
disfruta - enjoy
disgustado - upset
disputa - dispute
divertida - funny
doctor - doctor
documentos - documents
dólares - dollars
dolor de muelas - toothache
domingo - Sunday
donde - where
dormido - asleep
dormir - sleep
dos - two
dubitativamente - hesitantly
duda - doubt
duerme - sleeps
dulces - sweets
duramente - harshly
durante - during
durmiendo - sleeping
duro - hard
Ee
echa de menos - misses
echar - fire
edición - issue
edificios - buildings
educadamente - politely
ejercicio - exercise
ejército - army
él - he
el - the
eléctrico - electric
electrónica - electronics
elige - chooses
eliminar - eliminate
ella - herself, she
ellos - them; they
ellos mismos - themselves

e-mail - e-mail
emisores - dispatchers
empezó - began
empieza - begins, starts
empleado - employee
empresa - company, firm
empujar - pushing
en - at, in; into; on
en dos - apart
en punto - o'clock
en silencio - silent
en vez de - instead
enamora - fell
encantadora - charming
enchufe - socket
encierran - lock
encontrado - found
encontrar - find
encontrarse - meet
enfadada - angry
enferma - ill
enfermo - sick
enfriando - cold
engrasar - grease
enojada - outraged
enorme - huge
enrojeciendo - blushing
enrolar - joining
enseña - teaches
entonces - then
entornada - ajar
entra - enters
entrega - delivery
entrenado - trained
entrevistar - quiz
enviado - sent
enviarle - send
envolverlo - wrap
equipaje - luggage; baggage
era - was
error - mistake
es - is
esa - such
escaleras - stairs
escalofrío - chill
escena - scene
escribe - writes
escrito - written
escritor - writer

escucha - hears, listens
escuchando - listening
escuchar - hear
escuchó - heard
escultura - sculpture
escurrirse - crawling
esos - those
espantosamente - awfully
espantoso - awful
español - Spanish
Esparta - Sparta
especialidad - specialty
especialmente - especially
espejo - mirror
espera - wait
esperaban - expect
esperando - waiting
espero - hope
espíritu - spirit
esquina - corner
está - it's
está - stands
está de acuerdo - agrees
está tumbado - lies
estación - station
estado - been
estar - living
este - this
estilo - style
estiró - stretch
estos - these
estoy - I'm
estrictamente - strictly
estricto - strict
estropear - spoil
estudiante - student
estudiar - study, studying
estudios - studies
estúpida - stupid
eternidad - eternity
eterno - endless
exactamente - exactly
examen - exam, test
examinar - examining
excelente - excellent
excrementos - excrements
exigente - demanding
exitosamente - successfully
exótica - exotic

experiencia - experience
explica - explains
explicación - explanation
explosión - explosion
exposición - exhibition
expresión - expression
exquisitez - delicacy
externa - outward
extrañamente - strangely
extraño - strange
Ff
fácil - easy
fácilmente - easily
facultad - college
faltan - missing
familia - family
familiar - relative
familiarizarse - acquainted
famosos - famous
fans - fans
favorito - favorite
feliz - happy
felizmente - happily
festivo - festive
figuras - figures
fin - last
fin de semana - weekend
final - end
finalmente - finally
firmemente - tight
florecen - blossom
flores - flowers
footing - jogging
forma - way
foro - forum
fotos - photos
fragilidad - frailness
frase - phrase
frases - sentences
freír - fry
fríamente - coldly
frigorífico - fridge
frutas - fruits
fuegos de artificio - fireworks
fuera - out, outside; were
fuerte - strong
fuertemente - loudly, strongly, tightly
fuimos - went
furiosamente - furiously

furioso - furious
Gg
ganar - earn
gastar - spending
gato - cat
gente - people
golpea - hits
goma - rubber
gorda - fat
gracias - thank
grado - grade
gran - great
grande - big
Grecia - Greece
grifo - faucet
grita - cries, shouts
gritando - crying
gritar - shouting
gruñe - growls
gruñido - growl
guarda - guard
guardería - kindergarten
guepardo - cheetah
gusta - likes
gustan - like, loves
Hh
habitación - room
habla - speaks, talks
hablan - speak
hablando - talking
hablar - talk
habló - spoke
hace - ago, make
hacer - do
haces la pelota - flatter
hacia - towards
haciendo - doing
hagas trampa - cheat
hámster - hamster
hasta - till
hebreo - Hebrew
hechizado - charmed
hecho - done, fact, paid
hermana - sister
hermanita - sis
hermano - brother
hice - did
hicimos - wrote
hija - daughter

hijo - son
hilo - thread
historia - history, story
historias - stories
hoja - sheet
hojean - flip
hola - hello, hi
hombre - man
honestamente - honestly
hora - time
horas - hours
hornear - bake
hornearse - baking
horno - oven
hospital - hospital
hotel - hotel
hoy - today
humana - human
humo - smoke
humor - mood, temper
huracán - hurricane
Ii
importante - important
impresionado - impressed
impresionante - amazing
impresionarla - impress
impresiones - impressions
incivilizado - uncivilized
inclinada - tilted
incluso - even
incómoda - uneasy
incomprensible - incomprehensible
incorrectas - incorrect
increíblemente - incredibly
indiferente - indifferent
inesperadamente - unexpectedly
influencia - influence
inglesa - English
inmediatamente - immediately
inquieto - restless
inscripción - inscription
instalar - install
intelecto - intellect
inteligencia - intelligence
inteligente - smart
intenta - tries
intentando - trying
intentar - try
intercambian - exchange

interés - interest
interesados - interested
interesante - interesting
interior - inner
internet - Internet
interrumpe - interrupts
inundación - flood
inusuales - unusual
inventa - invents
invita - invites
invitado - guest
ir - go
ira - anger
iré - I'll
Jj
jardín - garden
jaula - cage
jefe - chief
Jerusalén - Jerusalem
joven - young
juega - plays
juego - game
juez - judge
jugando - playing
jugar - play
juguetes - toys
julio - July
juntos - together
jurisprudencia - jurisprudence
justamente - right
justicia - justice
Kk
kilogramo - kilogram
Ll
la - her
lado - side
ladra - barks
ladrando - barking
ladrar - bark
ladró - barked
largo - long
lastimar - hurt
le - him
lee - reads
lejos - far
lengua - language
letra - print
levanta - up
leyendo - reading

leyes - laws
libre - spare
libretas - notebooks
libro de texto - textbook
libros - books
ligeramente - slightly
limpiar - wipe
limpie - clean
limpieza - cleanliness
literatura - literature
llama - calling, calls
llamado - called, named
llaman - call
llegada - arrival
llegado - gotten
llegan - arrive
lleno - full
lleva - carries, holds, leads
llevan - carry
llevando - carrying
llorar - cry
local - local
longitud - length
lugar de trabajo - workplace
lugares de interés - sights
luz - light
Mm
madera - wood
madre - mother
magnífico - magnificent
mal - badly, poorly
maleta - suitcase
maletas - suitcases
maletero - trunk
malo - bad
mamá - mom
manchada - splattered
mandíbula - jaw
manos - hands
manzana - apple
mañana - morning, tomorrow
mar - sea
maravilloso - wonderful
marca - dials
marcharse - leave
marido - husband
Mars - Mars
martes - Tuesday
más - anymore, else, further, more

más abajo - lower
más alta - highest
más antigua - oldest
más cercano - nearest
más fácil - easier
más fuerte - loudest
más gordo - fatter
más grande - biggest
más inteligente - wisest
más tarde - later
máscaras - masks
mascota - pet
mascotas - pets
matarlo - kill
maúlla - meows
mayor - elderly
mayoría - most
me gustaría - i'd
me temo - afraid
mediados - middle
medianos - medium-sized
médico - medical
medieval - medieval
medio - half
mediodía - noon
mejor - best, better
mejorar - improve
menor - younger
mensaje - message
mensajero - courier
mercado - market
mereció - deserved
mes - month
mesa - table
metal - metal
mete - seals
meticuloso - accurate
metro - subway
metros - meters
mezclado - mixed
mi - my
mí mismo - myself
miedo - fear
miembros - members
mientras - while
mientras tanto - meanwhile
miércoles - Wednesday
millones - millions
minutos - minutes

mira - looks; mira fijamente - stares
mirada - gaze
miradas - glances
mirando - glancing, looking, watching
misma - same
moderna - modern
modesto - modest
momento - moment, point
montaña - mountain
montón - pile
mopa - mop
mordedor - biting
morder - bite
mostradas - shown
mote - nickname
motor - engine
mover - move
mucho - lot, much; widely
muestra - shows
muestras - samples
mujer - wife, woman
muñeca - doll
museo - museum
música - music
muy - pretty, very
Nn
nacional - national
nada - anything, nothing
nadar - swimming
nadie - nobody
nata - cream
Navidad - Christmas
necesario - required
necesita - needs
necesito - need
negocios - business
negro - black
nervioso - nervous
nevando - snowing
ningún sitio - anywhere
niña - girl
niñera - nanny
niño - child
niños - children
nivel - level
no - doesn't, don't; no, not
no era - wasn't
no es - isn't
no están - aren't

no puede - cannot
no puedo - can't
no se esperaban - didn't
noche - night; evening
nombre - name
normal - common
normalmente - usually
norte - north
nos - us
nosotros - we
nota - note
notas - marks
noticias - news
nuestro - our
nuevo - new
número - number
nunca - ever, never

Oo
o - or
obediente - obedient
objetos - objects
obligatorio - obligatory
obra maestra - masterpiece
observar - look
obvio - obvious
ocho - eight
ocupado - busy
ocurrió - happened
oficina - office
ofrezco - offer
ojos - eyes
ojos muy abiertos - wide-eyed
olor - smell
olvidado - forgotten
olvidé - forgot
ooh - ooh
opción - option
Opel - Opel
opinión - opinion
ordena - collects
ordenador - computer
organización - organization
orgullosa - proud
orgullosamente - proudly
oruga - caterpillar
oscuro - dark
otoño - autumn
otra vez - again
otro - another, other

Pp
pacientemente - patiently
padre - dad, father
padres - parents
país - country
paisaje - landscape
pájaros - birds
palabra - word
pálido - pale
pan - bread
pantalla - screen
papel de aluminio - foil
papeles - papers
papi - daddy
paquete - package, packet
para - for, to
parece - seems
parque - park
parte - departs
parterre - flowerbed
pasa - passes, spends
pasan - past
pasar - spend
paseo - walk
pasión - passion
pata - paw
patas - legs
patio - yard
paz - peace
peces de colores - goldfish
pedir - ask
pegamento - glue
pegar - gluing
película - film, movie
peligrosa - dangerous
pelota - ball
pena - pity
pensamientos - thoughts
pensativamente - thoughtfully
pensó - thought
pequeño - little, small
perder - lose, waste
pérdida - loss
perdido - lost
perdona - forgive
perdonado - forgiven
Perdone - Excuse
perfectamente - perfectly
perfil - profile

periódico - newspaper
periodismo - journalism
período - period
pero - but
perro - dog
persona - person
pertenece - belongs
pesado - heavy
pescar - fishing
pez - fish
picnic - picnic
pide - demands
pidiendo - asking
pie - foot
piensa - thinks
pincha - stabs
pintar - painting
pisaban - stepped
piscina - pool
pista - hint
placer - pleasure
plancha - iron
plástico - plastic
plataforma - platform
plato - dish, plate
pobre - poor
poco - bit
pocos - few
podría - could
poemas - poems
poesía - poetry
policía - policeman
pollo - chicken
polvo - dust
poner - put
poniendo - getting
por - through
por favor - please
por qué - why
porcelana - porcelain
porque - because
portátil - laptop
posible - possible
precaución - caution
pregunta - asks, inquires
preguntas - questions
preocupada - worried
preocuparse - worry
prepara - cooks, prepare

preparadas - ready
preparando - preparing
preparar - pack
presenta - introduces
primavera - spring
primero - first
principales - main
principios - beginning
prisa - hurry
probablemente - probably
probar - taste
problema - problem
profesional - professional
profesor - professor, teacher
profundo - deep
pronto - soon
propia - own
propietario - owner
propietarios - owners
próximo - next
prueba - probation
prueban - prove
público - public
pueblo - town
puede - may
puedo - can
puerta - door
puertas - doors
puntillas - tiptoe
pupitre - desk
puso - post
Qq
qué - what
que - than, that, which
que parte - departing
quedarte - stay
quema - burns
querido - dear
queso - cheese
quién - who
quiere - loves, wants
quiere decir - means
quiero - want
quince - fifteen
quinto - fifth
quitar - taking
quizás - maybe, perhaps
Rr
rabiosamente - angrily

rabo - tail
radio - radio
rama - branch
ramas - branches
ramillete - bunch
rápidamente - quickly
raramente - rarely
raras veces - seldom
raro - rare
ratas - rats
ratón - mouse
ratones - mice
reacciona - react
realmente - really
receta - recipe
rechaza - refuses
reciba - receive
recientemente - recently
recogen - pick
recoger - gather
recomienda - recommends
reconozco - recognize
recuerda - recalls
recuerdas - remind
redacciones - essays
regalo - present
regalos - gifts
regaña - scolds
regañando - scolding
registradora - register
reír - laugh; ríe - laughs
relleno - wadding
reparado - repaired
repite - repeats, retells
rescatador - rescuer
reserva - booking
residencia - dorms
resolvería - resolve
respirando - breathing
responde - replies
respuesta - answer
respuestas - answers
restaurante - restaurant
reunirnos - meeting
revistas - magazines
revivirla - revive
rey - king
reza - pray
rica - tasty

riendo - laughing
riesgo - risk
río - river
robado - stolen
rojo - red
romántica - romantic
rompen - break
rompió - tore
ronroneando - purring
ropa - clothes
rueda - wheel
ruido - noise
Ss
sabe - knows
saber - know
sacude - shakes
salchicha - sausage
salida - exit
salpica - splashes
salta - jumps
saluda - greets
salvó - saved
San - Saint
sano - healthy
satisfecho - satisfied
se - itself
se acerca - approaches
se acercan - approach
se coloca - settles
se comporta - behaves
se da cuenta - notices
se da cuenta - realizes
se desmaya - faints
se dirige - addresses
se dobla - bends
se inclina - bows
se las arregla - manages
se lava - washes
se levanta - get up
se marcharon - left
se olvida - forgets
se pregunta - wonder
se queda - stays
se queda tumbado - lies
se quedan - remain
se rompe - rips
se santigua - crosses
se sienta - sits
secretamente - secretly

secretaria - secretary
segundo - second
seguras - sure
seis - six
semana - week
sencillo - simple
sensatas - sensible
sentado - sitting
sentido - sense
sentimientos - feelings
señala - points
señor - mister
señora - Madam
separados - separated
ser/estar - be
seria - serious
seriamente - seriously
servicio - service
setenta - seventy
si - if
sí - yes
siempre - always
siendo - being
siente - feel, feels
siento - sorry
significado - meaning
sigue - follows, keeps
siguiente - following
silenciosamente - quietly
silla - chair
sillón - armchair
símbolo - symbol
similar - similar
simplemente - simply
sin - without
sin embargo - however
sin embargo - nevertheless
sin hogar - homeless
sin revisar - unchecked
sitio - place
situación - situation
sobre - envelope; over
sobresaliendo - sticking
sofá - couch
sol - sun
solamente - just
solicitar - apply
solicitud - form
solo - alone, only, single

solución - solution
somnoliento - sleepy
son - are
sonar - ringing
sonríe - smiles
soñando - dreaming
sopa - soup
sorprendido - surprised
sorpresa - surprise
soy - am
su - his, their, its
suavemente - gently
sucia - dirty
sueldo - salary
suelo - floor
suena - sounds; rings
sueño - dream
suerte - luck, lucky
suficiente - enough
sugiere - suggests
sujeta - supports
sujetando - holding
sujetar - hold
suma - sum
supe - knew
superior - top
supermercado - supermarket
supervisora - supervising
supone - supposes
suposición - guess
supuesto - course
suspira - sighs
Tt
tablet - tablet
talento - talent
tamaño - size
también - also, too
tapa - lid
tarde - afternoon, late
tarea - assignment, task
tareas - chores; homework
tarjetas - postcards
tarta - cake
taxi - taxi
taza - cup
té - tea
te refieres - mean
techo - ceiling
telefonea - phones

telefonean - phone
teléfono - telephone
tema - theme
temporal - temporary
temprano - early
tenedor - fork
tener - get, have; take
tenía - had
teniendo - having
tensión - strain
tercero - third
términos - terms
terrible - terrible
terriblemente - terribly
texto - text
tía - aunt
tiempo - weather
tienda - shop; store
tiene - has; you're
tiene éxito - succeeds
tijeras - scissors
timbre de la puerta - doorbell
tímidamente - shyly
tímido - shy
tío - uncle
tira - pulls
tiran - throw
tiró - threw
toalla - towel
toda - entire
todavía - still, yet
todo - all, everything, whole
todos - every, everybody, everyone
tomar el sol - sunbathing
tomate - tomato
tono - tone
tonto - silly
torniquete - tourniquet
tortilla - omelette
trabaja - works
trabajando - working
trabajar - work
trabajo - job
tradiciones - traditions
traducción - translation
traducir - translate
trae - brings
trajo - brought
tranquilo - calm, quiet

transcurren - pass
transporte - transportation
tranvía - tram
trata - treats
trece - thirteen
tren - train
trepa - climbs
tres - three
tribunal - court
triste - sad
tristemente - sadly
triunfa - triumphs
tú - you
tu - your
tubo - tube
tulipanes - tulips
tumbado - down, lying
túnel - tunnel
Twist - twist
Twitter - Twitter
Uu
últimamente - lately
un - a, an
una vez - once
uniforme - uniform
universidad - university
uno - one
urgentemente - urgently
usa - uses
usando - using
Vv
va - goes, going
vacaciones - vacation
vacunas - vaccinations
vago - lazy
valiente - brave
valiosas - valuable
valla - fence
varios - several, various
ve - see, sees
vecino - neighbor; neighboring
veinte - twenty
velocidad - speed
ven - come
vencer - overcome
vendedor - salesman
vendedora - saleswoman
vender - sell
vendidos - sold

venganza - revenge
venir - coming
ventanilla - window
verano - summer
verdad - truth
verduras - vegetables
verja - gate
vestíbulo - hall
vi - saw
viajando - traveling
vida - life
viene - comes
viernes - Friday
vigila - watches
vigilar - watch
visita - visit
visitando - visiting
visitar - drop
viva - alive
vive - lives
volar - fly
voluntad - will
voz - voice
vuela - flies
vuelo - flight
vuelve - returns, turns

Yy

y - and
ya - already
yo - I; me

Zz

zapatos - shoes
Zeus - Zeus
zumo - juice

English-spanish dictionary

Aa
a - un
about - alrededor
absolutely - completamente
accidentally - accidentalmente
accompanies - acompaña
according - acuerdo
account - cuenta
accurate - meticuloso
acquaintance - conocido
acquainted - familiarizarse
action - acción
active - activa
address - dirección
addresses - se dirige
admires - admira
admit - admito
adventures - aventuras
advise - aconseja
afraid - me temo
after - después
afternoon - tarde
afterwards - después
again - otra vez
against - contra
ago - hace
agrees - está de acuerdo
ajar - entornada
alive - viva
all - todo
almost - apenas
alone - solo
already - ya
also - también
alternative - alternativa
although - aunque
always - siempre
am - soy
amazement - asombro
amazing - impresionante
an - un
ancient - antigua
and - y
anger - ira
angrily - rabiosamente
angry - enfadada

animal - animal
ann's - de Ann
another - otro
answer - respuesta
answers - respuestas
any - cualquier
anybody - cualquier
anymore - más
anything - nada
anyway - de todas formas
anywhere - ningún sitio
apart - en dos
apartment - apartamento
apologize - disculpe
appear - aparece
appearance - apariencia
appears - aparece
appetizing - apetitoso
apple - manzana
apply - solicitar
approach - se acercan
approaches - se acerca
aquarium - acuario
architect - arquitecto
are - son
aren't - no están
armchair - sillón
arms - brazos
army - ejército
around - alrededor
arrival - llegada
arrive - llegan
art - arte
articles - artículos
artist - artista
as - cuando
Asian - asiático
ask - pedir
asking - pidiendo
asks - pregunta
asleep - dormido
assignment - tarea
astonishment - asombro
at - en
attached - adjuntada
attacks - ataca

attend - asistir
attention - atención
attentively - atenta
aunt - tía
author - autor
autumn - otoño
away - aparta
awful - espantoso
awfully - espantosamente
Bb
back - atrás
bad - malo
badly - mal
bag - bolsa
baggage - equipaje
bake - hornear
baking - hornearse
ball - pelota
barbarian - bárbaro
bark - ladrar
barked - ladró
barking - ladrando
barks - ladra
baskets - cestos
bat - bat
be - ser/estar
beautiful - bonito
beauty - belleza
because - porque
bed - cama
been - estado
before - antes
began - empezó
beginning - principios
begins - empieza
behaves - se comporta
behind - detrás
beige - beige
being - siendo
believes - cree
belongs - pertenece
bench - banco
bends - se dobla
besides - además
best - mejor
better - mejor
Bible - Biblia
big - grande
biggest - más grande

bill - cuenta
birds - pájaros
birthday - cumpleaños
bit - poco
bite - morder
biting - mordedor
black - negro
blossom - florecen
blushing - enrojeciendo
bonuses - bonificaciones
booking - reserva
books - libros
bought - comprado
bows - se inclina
boys - chicos
branch - rama; branches - ramas
brave - valiente
bread - pan
break - rompen
breathing - respirando
bright - brillante
brings - trae
brother - hermano
brought - trajo
bucket - cubo
builder's - de constructor
builders - constructores
building - construcción
buildings - edificios
bunch - ramillete
burns - quema
bus - bus
business - negocios
busy - ocupado
but - pero
buy - comprar
buys - compra
by - al lado
bye - adiós
Cc
cabin - cabina
cabinets - alacenas
café - cafetería
cage - jaula
cake - tarta
call - llaman
called - llamado
calling - llama
calls - llama

calm - tranquilo
calmly - calmadamente
can - puedo
can't - no puedo
candy - caramelo
cannot - no puede
capable - competente
capital - capital
capricious - caprichoso
car - coche
care - cuidas
careful - cuidadoso
carefully - cuidadosamente
carpet - alfombra
carries - lleva
carry - llevan
carrying - llevando
case - caso
cash - caja
cat - gato
catches - caza
caterpillar - oruga
cathedral - catedral
caught - cogido
caution - precaución
ceiling - techo
celebration - celebración
centimeters - centímetros
centre - centro
certainly - definitivamente
chain - cadena
chair - silla
change - cambiar
chap - compadre
charge - cargarlo
charity - beneficencia
charmed - hechizado
charming - encantadora
chases - aparta
chat - chat
cheat - hagas trampa
check - comprobar
cheerful - alegre
cheerfully - animadamente
cheese - queso
cheetah - guepardo
chef - chef
chicken - pollo
chief - jefe

child - niño
children - niños
chill - escalofrío
chooses - elige
chores - tareas
Christmas - Navidad
cigarette - cigarrillo
cinema - cine
circumstances - circunstancias
city - ciudad
class - clase
classes - clase
classroom - aula
clean - limpie
cleaning - aseando
cleanliness - limpieza
clear - claro
client - cliente
climbs - trepa
close - cerrar
closely - de cerca
clothes - ropa
coffee - café
coincides - coincide
cold - enfriando
coldly - fríamente
collar - collar
colleagues - colegas
collects - ordena
college - facultad
colorful - de colores
come - ven
comes - viene
comfortably - cómodamente
coming - venir
common - normal
company - empresa
compartment - compartimento
competent - aceptable
completely - completamente
complicated - complicado
compliment - cumplido
composes - compone
composition - composición
computer - ordenador
concept - concepto
concludes - concluye
confession - confesión
confirmed - confirmado

confused - confundida
confusion - confusión
connection - conexión
considers - considera
construction - construcción
contentedly - con satisfacción
continued - continuó
continues - continúa
contrast - contraste
convenience - conveniencia
conversation - conversación
convinces - convence
convincing - convincente
cooking - cocinar
cooks - prepara
copied - copié
copying - copiando
cord - cable
corner - esquina
correct - corregir
correctly - correctamente
cost - cuestan
couch - sofá
could - podría
country - país
courier - mensajero
course - supuesto
court - tribunal
crashed - chocó
crawling - escurrirse
cream - nata
cries - grita
crocodile - cocodrilo
crosses - se santigua
cry - llorar
crying - gritando
cuisine - cocina
culinary - culinario
cup - taza
curious - curioso
customs - costumbres
cut - cortadas
cutting - colándose
Dd
dad - padre
daddy - papi
dangerous - peligrosa
daring - atrevida
dark - oscuro

darling - cariño
daughter - hija
day - día
daybreak - amanecer
days - días
dear - querido
decided - decidí
decides - decide
decorations - decoraciones
deep - profundo
defect - defecto
definitely - definitivamente
deletes - borra
delicacy - exquisitez
delicious - delicioso
delivery - entrega
demanding - exigente
demands - pide
dental - dental
dentist - dentista
departing - que parte
department - departamento
departs - parte
deputy - adjunto
deserved - mereció
desk - pupitre
despair - desesperado
detail - detalle
detain - detener
dials - marca
did - hice
didn't - no se esperaban
different - diferente
difficult - difíciles
difficulty - dificultad
dinner - cena
directions - dirección
directly - directamente
director - director
dirty - sucia
disciplined - disciplinado
discontentedly - con descontento
discuss - discuten
dish - plato
dismiss - despedir
dismissal - despido
dispatchers - emisores
dispute - disputa
distinctly - claramente

do - hacer
doctor - doctor
documents - documentos
doesn't - no
dog - perro
dog's - del perro
doghouse - caseta
doing - haciendo
doll - muñeca
doll's - de muñecas
dollars - dólares
don't - no
done - hecho
door - puerta
doorbell - timbre de la puerta
doors - puertas
dorms - residencia
doubt - duda
down - tumbado
drawer - cajón
dream - sueño
dreaming - soñando
drink - beben
drinking - beber
drinks - bebe
driver - conductor
drives - conduce
drop - visitar
drops - deja caer
during - durante
dust - polvo
Ee
each - cada
earlier - antes
early - temprano
earn - ganar
easier - más fácil
easily - fácilmente
easy - fácil
eat - come
eating - comer
eight - ocho
eight-year-old - de ocho años
either - o
elderly - mayor
electric - eléctrico
electronics - electrónica
elevator - ascensor
eliminate - eliminar

else - más
e-mail - e-mail
embarrassment - avergonzados
emotionally - con entusiasmo
employee - empleado
end - final
ended - acabado
endless - eterno
engine - motor
English - inglesa
enjoy - disfruta
enough - suficiente
enters - entra
enthusiastically - con entusiasmo
entire - toda
envelope - sobre
environment - ambiente
especially - especialmente
essays - redacciones
eternity - eternidad
even - incluso
evening - noche
ever - nunca
every - todos
everybody - todos
everyone - todos
everything - todo
exactly - exactamente
exam - examen
examining - examinar
excellent - excelente
exchange - intercambian
excitedly - con entusiasmo
Excuse - Perdone
executioner's - de un ejecutor
exercise - ejercicio
exhibition - exposición
exit - salida
exotic - exótica
expect - esperaban
expensive - caro
experience - experiencia
explains - explica
explanation - explicación
explosion - explosión
expression - expresión
eyes - ojos
Ff
face - cara

fact - hecho
fainted - desmayado
faints - se desmaya
fall - cae
family - familia
famous - famosos
fans - fans
far - lejos
fat - gorda
father - padre
fatter - más gordo
faucet - grifo
fault - culpa
favorite - favorito
fear - miedo
feed - alimenta
feel - siente
feelings - sentimientos
feels - siente
fell - enamora
fence - valla
festive - festivo
few - pocos
field - campo
fifteen - quince
fifth - quinto
figures - figuras
file - archivo
film - película
finally - finalmente
find - encontrar
fine - bonito
finger - dedo
finishes - concluye
fire - echar
fired - despedido
fireworks - fuegos de artificio
firm - empresa
first - primero
fish - pez
fishing - pescar
fit - cabe
five - cinco
fix - arreglar
flatter - haces la pelota
flies - vuela
flight - vuelo
flip - hojean
flood - inundación

floor - suelo
flowerbed - parterre
flowers - flores
fly - volar
foil - papel de aluminio
following - siguiente
follows - sigue
food - comida
foot - pie
for - para
forest - bosque
forgets - se olvida
forgive - perdona
forgiven - perdonado
forgot - olvidé
forgotten - olvidado
fork - tenedor
form - solicitud
former - antiguo
forty - cuarenta
forum - foro
found - encontrado
four - cuatro
fourth - cuarto
frailness - fragilidad
Friday - viernes
fridge - frigorífico
friend - amigo
friends - amigos
frightened - asustada
from - de
front - delante
frown - ceño
fruits - frutas
fry - freír
full - lleno
funny - divertida
furious - furioso
furiously - furiosamente
further - más
Gg
game - juego
garbage - basura
garden - jardín
gate - verja
gather - recoger
gaze - mirada
gently - suavemente
get - tener; get up - se levanta

getting - poniendo
gifts - regalos
girl - niña
give - dar
given - dado
gives - da
giving - dando
glad - contento
gladly - alegremente
glances - miradas
glancing - mirando
glue - pegamento
gluing - pegar
go - ir
god - dios
goes - va
going - va
goldfish - peces de colores
gone - desaparecido
good - bueno
got - casaron
gotten - llegado
grabs - coge
grade - grado
grease - engrasar
great - gran
Greece - Grecia
greets - saluda
grow - crecer
growl - gruñido
growls - gruñe
grows - crece
guard - guarda
guess - suposición
guest - invitado
guilty - culpable
guy - chico
Hh
had - tenía
hair - cabello
half - medio
hall - vestíbulo
hamster - hámster
hands - manos
hang - cuelgan
hanging - colgando
hangs - cuelga
happened - ocurrió
happily - felizmente

happy - feliz
hard - duro
harshly - duramente
has - tiene
have - tener
having - teniendo
he - él
head - cabeza
healthy - sano
hear - escuchar
heard - escuchó
hears - escucha
heavy - pesado
Hebrew - hebreo
Hello - hola
help - ayuda
helps - ayuda
her - la
here - aquí
herself - ella
hesitantly - dubitativamente
hi - hola
highest - más alta
him - le
himself - a sí mismo
hint - pista
hire - contrata
his - su
history - historia
hits - golpea
hold - sujetar
holding - sujetando
holds - lleva
home - casa
homeless - sin hogar
hometown - ciudad de residencia
homework - tareas
honestly - honestamente
hope - espero
hospital - hospital
hotel - hotel
hours - horas
house - casa
household - casero
how - cómo
however - sin embargo
huge - enorme
hugs - abraza
human - humana

hundred - cientos
hurricane - huracán
hurry - prisa
hurt - lastimar
husband - marido
Ii
I - yo
i'd - me gustaría
I'll - iré
I'm - estoy
if - si
ill - enferma
immediately - inmediatamente
important - importante
impress - impresionarla
impressed - impresionado
impressions - impresiones
improve - mejorar
impudence - descaro
in - en
incomprehensible - incomprensible
incorrect - incorrectas
incredibly - increíblemente
indifferent - indiferente
influence - influencia
inner - interior
inquires - pregunta
inscription - inscripción
inside - dentro
install - instalar
instead - en vez de
intellect - intelecto
intelligence - inteligencia
interest - interés
interested - interesados
interesting - interesante
Internet - internet
interrupts - interrumpe
intersection - cruce
into - en
introduces - presenta
invents - inventa
invites - invita
iron - plancha
is - es
isn't - no es
issue - edición
it's - está
its - su

itself - se
Jj
jaw - mandíbula
Jerusalem - Jerusalén
job - trabajo
jogging - footing
joining - enrolar
joke - bromean
journalism - periodismo
joyfully - alegremente
judge - juez
juice - zumo
July - julio
jumps - salta
jurisprudence - jurisprudencia
just - solamente
justice - justicia
Kk
keeps - sigue
kill - matarlo
kilogram - kilogramo
kind - amable
kindergarten - guardería
king - rey
kisses - besa
kitchen - cocina
knew - supe
know - saber
knowing - conociendo
knowledge - conocimiento
knows - sabe

Ll
landscape - paisaje
language - lengua
laptop - portátil
last - fin
late - tarde
lately - últimamente
later - más tarde
laugh - reír
laughing - riendo
laughs - ríe
laws - leyes
lazy - vago
leads - lleva
learned - aprendió
leash - correa
leather - cuero

leave - marcharse
lectures - da clase
left - se marcharon
legs - patas
length - longitud
lesson - clase
let - deja
letter - carta
level - nivel
library - biblioteca
lid - tapa
lies - está tumbado; se queda tumbado
life - vida
light - luz
like - gustan
likes - gusta
listening - escuchando
listens - escucha
literature - literatura
little - pequeño
lives - vive
living - estar
loading - cargar
loads - carga
loaf - barra
local - local
lock - encierran
log - cerrar
long - largo
look - observar
looking - mirando
looks - mira
lose - perder
loss - pérdida
lost - perdido
lot - mucho
loudest - más fuerte
loudly - fuertemente
love - amor
loves - gustan, quiere
low - baja
lower - más abajo
lowermost - de más abajo
luck - suerte
lucky - suerte
luggage - equipaje
lunch - comida
lying - tumbado

Mm
Madam - señora
magazines - revistas
magnificent - magnífico
main - principales
make - hace
man - hombre
manager - director
manages - se las arregla
market - mercado
marks - notas
married - casado
marry - casarse
Mars - Mars
masks - máscaras
masterpiece - obra maestra
mating - aparearse
matters - asuntos
may - puede
maybe - quizás
me - yo
meal - comida
mean - te refieres
meaning - significado
means - quiere decir
meanwhile - mientras tanto
medical - médico
medieval - medieval
medium-sized - medianos
meet - encontrarse
meeting - reunirnos
members - miembros
menu - carta
meows - maúlla
merrily - alegremente
message - mensaje
met - conocido
metal - metal
meters - metros
mice - ratones
middle - mediados
millions - millones
mind - cabeza
minutes - minutos
mirror - espejo
misses - echa de menos
missing - faltan
mistake - error

mister - señor
mixed - mezclado
modern - moderna
modest - modesto
mom - mamá
moment - momento
money - dinero
month - mes
mood - humor
mop - mopa
more - más
moreover - además
morning - mañana
most - mayoría
mother - madre
mountain - montaña
mouse - ratón
mouth - boca
move - mover
movie - película
much - mucho
museum - museo
mushroom - champiñón
music - música
must - debe
my - mi
myself - mí mismo
Nn
name - nombre
named - llamado
nanny - niñera
national - nacional
near - cerca
nearby - cercana
nearest - más cercano
need - necesito
needs - necesita
neighbor - vecino
neighboring - vecino
nervous - nervioso
never - nunca
nevertheless - sin embargo
new nuevo
news - noticias
newspaper - periódico
next - próximo
nickname - mote
night - noche
no - no

nobody - nadie
nods - asiente
noise - ruido
noon - mediodía
north - norte
not - no
note - nota
notebooks - libretas
nothing - nada
notices - se da cuenta
now - ahora
number - número
Oo
o'clock - en punto
obedient - obediente
objects - objetos
obligatory - obligatorio
obvious - obvio
of - de
off - baja
offer - ofrezco
office - oficina
often - a menudo
OK - de acuerdo
okay - de acuerdo
old - anciana
oldest - más antigua
omelette - tortilla
on - en
once - una vez
one - uno
only - solo
ooh - ooh
Opel - Opel
open - abierta
opinion - opinión
option - opción
or - o
ordinary - convencional
organization - organización
other - otro
our - nuestro
out - fuera
outraged - enojada
outside - fuera
outward - externa
oven - horno
over - sobre
overcome - vencer

119

overtakes - adelanta
own - propia
owner - propietario
owners - propietarios
Pp
pack - preparar
package - paquete
packet - paquete
paid - hecho
painting - pintar
pale - pálido
papers - papeles
parents - padres
park - parque
pass - transcurren
passes - pasa
passion - pasión
past - pasan
patiently - pacientemente
paw - pata
peace - paz
people - gente
perfectly - perfectamente
perhaps - quizás
period - período
person - persona
pet - mascota
pets - mascotas
petting - acariciando
phone - telefonean
phones - telefonea
photos - fotos
phrase - frase
pick - recogen
picnic - picnic
picture - cuadro
pile - montón
pity - pena
place - sitio
plane - avión
plastic - plástico
plate - plato
platform - plataforma
play - jugar
playing - jugando
plays - juega
please - por favor
pleasure - placer
plug - clavija

poems - poemas
poetry - poesía
point - momento
points - señala
policeman - policía
politely - educadamente
pool - piscina
poor - pobre
poorly - mal
porcelain - porcelana
possible - posible
post - puso
postcards - tarjetas
praise - alabar
prank - broma
pray - reza
prepare - prepara
preparing - preparando
present - regalo
presses - aprieta
pretty - muy
print - letra
probably - probablemente
probation - prueba
problem - problema
professional - profesional
professor - profesor
profile - perfil
proud - orgullosa
proudly - orgullosamente
prove - prueban
public - público
pulls - tira
purchases - compra
purring - ronroneando
pushing - empujar
put - poner
Qq
questions - preguntas
quickly - rápidamente
quiet - tranquilo
quietly - silenciosamente
quite - bastante
quiz - entrevistar
Rr
radio - radio
random - al azar
rare - raro
rarely - raramente

rats - ratas
reach - alcanza
react - reacciona
reading - leyendo
reads - lee
ready - preparadas
real - auténtica
realizes - se da cuenta
really - realmente
recalls - recuerda
receive - reciba
recently - recientemente
recipe - receta
recognize - reconozco
recommends - recomienda
red - rojo
refuses - rechaza
register - registradora
relative - familiar
remain - se quedan
remember - acordarse
remind - recuerdas
repaired - reparado
repeats - repite
replies - responde
required - necesario
rescuer - rescatador
resolve - resolvería
rest - descansa
restaurant - restaurante
restless - inquieto
retells - repite
returns - vuelve
revenge - venganza
revive - revivirla
right - justamente
ringing - sonar
rings - suena
rips - se rompe
risk - riesgo
river - río
road - carretera
robert's - de Robert
romantic - romántica
room - habitación
rope - cuerda
rubber - goma
run - correr
running - corriendo

runs - corre
rushed - corrió
Ss
sad - triste
sadly - tristemente
said - dichas
Saint - San
salary - sueldo
salesman - vendedor
saleswoman - vendedora
same - misma
samples - muestras
satisfied - satisfecho
sausage - salchicha
saved - salvó
saw - vi
says - dice
scared - asustada
scene - escena
school - colegio
schoolmate - compañero de colegio
scissors - tijeras
scolding - regañando
scolds - regaña
scoundrel - bribón
screen - pantalla
sculpture - escultura
sea - mar
seals - mete
seat - asiento
second - segundo
secretary - secretaria
secretly - secretamente
see - ve
seems - parece
sees - ve
seldom - raras veces
sell - vender
send - enviarle
sense - sentido
sensible - sensatas
sent - enviado
sentences - frases
separated - separados
serious - seria
seriously - seriamente
service - servicio
settles - se coloca
seventy - setenta

several - varios
shakes - sacude
shaman - chamán
she - ella
sheet - hoja
shining - brilla
shoes - zapatos
shop - tienda
short - corto
should - debería
shouting - gritar
shouts - grita
shown - mostradas
shows - muestra
shy - tímido
shyly - tímidamente
sick - enfermo
side - lado
sighs - suspira
sights - lugares de interés
silent - en silencio
silly - tonto
similar - similar
simple - sencillo
simply - simplemente
since - desde
sing - cantan
singing - cantando
single - solo
sis - hermanita
sister - hermana
sits - se sienta
sitting - sentado
situation - situación
six - seis
size - tamaño
sleep - dormir
sleeping - durmiendo
sleeps - duerme
sleepy - somnoliento
slightly - ligeramente
slowly - despacio
sly - astuto
slyly - astutamente
small - pequeño
smart - inteligente
smell - olor
smiles - sonríe
smoke - humo

snack - aperitivo
snowing - nevando
so - así que
socket - enchufe
sold - vendidos
solution - solución
some - algunos
somebody - alguien
someone - alguien
something - algo
sometimes - a veces
somewhere - algún sitio
son - hijo
soon - pronto
sorry - siento
soul - alma
sounds - suena
soup - sopa
Spanish - español
spare - libre
Sparta - Esparta
speak - hablan
speaks - habla
specialty - especialidad
speed - velocidad
spend - pasar
spending - gastar
spends - pasa
spirit - espíritu
splashes - salpica
splattered - manchada
spoil - estropear
spoke - habló
spot - descubrir
spring - primavera
stabs - pincha
stairs - escaleras
stands - está
stares - mira fijamente
starts - empieza
station - estación
stay - quedarte
stays - se queda
stepped - pisaban
sticking - sobresaliendo
still - todavía
stolen - robado
stop - detener
store - tienda

stories - historias
story - historia
straight - directamente
strain - tensión
strange - extraño
strangely - extrañamente
street - calle
stretch - estiró
strict - estricto
strictly - estrictamente
strong - fuerte
strongly - fuertemente
student - estudiante
studies - estudios
study - estudiar
studying - estudiar
stupid - estúpida
style - estilo
subject - asignatura
subway - metro
succeeds - tiene éxito
successfully - exitosamente
such - esa
suddenly - de repente
suggests - sugiere
suitable - adecuado
suitcase - maleta
suitcases - maletas
sum - suma
summer - verano
sun - sol
sunbathing - tomar el sol
Sunday - domingo
supermarket - supermercado
supervising - supervisora
supports - sujeta
supposes - supone
sure - seguras
surgery - consulta
surprise - sorpresa
surprised - sorprendido
sweets - dulces
swimming - nadar
swimsuit - bañador
switch - apagar
symbol - símbolo
Tt
table - mesa
tablet - tablet

tail - rabo
take - tener
takes - coge
taking - quitar
talent - talento
talk - hablar
talking - hablando
talks - habla
tall - alto
task - tarea
taste - probar
tasty - rica
taxi - taxi
tea - té
teacher - profesor
teaches - enseña
telephone - teléfono
telling - diciendo
tells - dice
temper - humor
temporary - temporal
ten - diez
tenth - décimo
terms - términos
terrible - terrible
terribly - terriblemente
test - examen
text - texto
textbook - libro de texto
than - que
thank - gracias
that - que
the - el
their - su
them - ellos
theme - tema
themselves - ellos mismos
then - entonces
there - allí
these - estos
they - ellos
thing - cosa
thinks - piensa
third - tercero
thirteen - trece
this - este
those - esos
though - aunque
thought - pensó

thoughtfully - pensativamente
thoughtlessly - desconsideradamente
thoughts - pensamientos
thread - hilo
three - tres
threw - tiró
through - por
throw - tiran
ticket - billete
tie - atan
ties - ata
tight - firmemente
tightly - fuertemente
till - hasta
tilted - inclinada
time - hora
tiptoe - puntillas
tired - cansada
to - para
today - hoy
together - juntos
told - dicho
tomato - tomate
tomorrow - mañana
tone - tono
too - también
took - cogió
tooth - diente
toothache - dolor de muelas
top - superior
top-notch - de primera
tore - rompió
tourniquet - torniquete
towards - hacia
towel - toalla
town - pueblo
toys - juguetes
traditions - tradiciones
train - tren
trained - entrenado
tram - tranvía
translate - traducir
translation - traducción
transportation - transporte
trash - basura
traveling - viajando
treats - trata
tree - árbol
tries - intenta

triumphs - triunfa
trucks - camiones
true - cierto
trunk - maletero
truth - verdad
try - intentar
trying - intentando
tube - tubo
Tuesday - martes
tulips - tulipanes
tunnel - túnel
turns - vuelve
twenty - veinte
twist - Twist
Twitter - Twitter
two - dos
Uu
unchecked - sin revisar
uncivilized - incivilizado
uncle - tío
under - bajo
understand - comprende
understands - comprende
understood - comprendió
uneasy - incómoda
unexpectedly - inesperadamente
unfortunately - desgraciadamente
uniform - uniforme
university - universidad
unpleasant - desagradable
unusual - inusuales
unusually - anormalmente
up - levanta
upset - disgustado
urgently - urgentemente
us - nos
uses - usa
using - usando
usually - normalmente
Vv
vacation - vacaciones
vaccinations - vacunas
valuable - valiosas
various - varios
vegetables - verduras
very - muy
village - aldea
visit - visita
visiting - visitando

voice - voz
Ww
wadding - relleno
wait - espera
waiter - camarero
waiting - esperando
wakes - despierta
walk - paseo
walking - caminando
want - quiero
wants - quiere
warn - avisarla
was - era
washes - se lava
wasn't - no era
waste - perder
watch - vigilar
watches - vigila
watching - mirando
water - agua
way - forma
we - nosotros
weather - tiempo
Wednesday - miércoles
week - semana
weekend - fin de semana
welcome - de nada
well - bien
well-fed - bien alimentado
went - fuimos
were - fuera
what - qué
wheel - rueda
when - cuándo
where - donde
which - que
while - mientras
white - blanco
who - quién
whole - todo

why - por qué
wide-eyed - ojos muy abiertos
widely - mucho
wife - mujer
will - voluntad
window - ventanilla
wipe - limpiar
wisest - más inteligente
with - con
without - sin
woman - mujer
wonder - se pregunta
wonderful - maravilloso
wood - madera
word - palabra
work - trabajar
working - trabajando
workplace - lugar de trabajo
works - trabaja
worried - preocupada
worry - preocuparse
would - dejaría
wrap - envolverlo
writer - escritor
writes - escribe
written - escrito
wrote - hicimos
Yy
yard - patio
year - año
years - años
yellow - amarillo
yes - sí
yesterday - ayer
yet - todavía
you - tú
you're - tiene
young - joven
younger - menor
your - tu

Recommended reading

First Spanish Reader for Beginners
Bilingual for Speakers of English
Beginner Elementary (A1 A2)

There are simple and funny Spanish texts for easy reading. The book consists of Beginner and Elementary courses with parallel Spanish-English texts. The author maintains learners' motivation by funny stories about real life situations such as meeting people, studying, job searches, working etc. The ALARM Method utilize natural human ability to remember words used in texts repeatedly and systematically. The author composed each sentence using only words explained in previous chapters. The second and the following chapters of the Beginner course have only about thirty new words each. The audio tracks are available inclusive on www.lppbooks.com/Spanish/

First Spanish Reader for Beginners
Volume 2
Bilingual for Speakers of English
Elementary (A2)

This book is Volume 2 of First Spanish Reader for Beginners. The book consists of Elementary course with parallel Spanish-English texts. There are simple and funny Spanish texts for easy reading. The author maintains learners' motivation with funny stories about real life situations such as meeting people, studying, job searches, working etc. The ALARM method utilize natural human ability to remember words used in texts repeatedly and systematically. The audio tracks are available inclusive on www.lppbooks.com/Spanish/

First Spanish Reader for beginners
Volume 3
Bilingual for Speakers of English
Elementary (A2)

This book is Volume 3 of First Spanish Reader for Beginners. There are simple and funny Spanish texts for easy reading. The book consists of Elementary course with parallel Spanish-English texts. The author maintains learners' motivation with funny stories about real life situations such as meeting people, studying, job searches, working etc. The ALARM method utilize natural human ability to remember words used in texts repeatedly and systematically. The audio tracks are available inclusive on www.lppbooks.com/Spanish/

Second Spanish Reader
Bilingual for Speakers of English
Elementary Pre-intermediate (A2 B1)

A private detective is following the girl he is in love with. A former air force pilot, he is discovering some sides in the human nature he can't deal with. This book makes use of the ALARM Method to efficiently teach its readers Spanish words, sentences and dialogues. The audio tracks are available inclusive on www.lppbooks.com/Spanish/

Thomas's Fears and Hopes
Short Stories in Plain Spoken Spanish
Bilingual for speakers of English
Pre-intermediate level (B1)

Thomas returned home to Georgia for his father's funeral. He became informed that he would receive the entire estate as he was the only child. Then a few events happened that scared him. The audio tracks are available inclusive on www.lppbooks.com/Spanish/Thomas_audio/En/

Unexpected Circumstance
Bilingual Spanish Reader for Speakers of English
Intermediate level B2

Forensic science was one of Damien Morin's passions. However, the first real crime that he investigated led him to his own past. The audio tracks are available inclusive on www.lppbooks.com/Spanish/Lopez/En/

Strange Waters
Intermediate Spanish Reader
Parallel Translation for Speakers of English
Intermediate level B2

Being a co-founder of a two-men business has it's pros and cons. However the cold waters of self-employment do not fit everyone. The audio tracks are available inclusive on www.lppbooks.com/Spanish/BusinessSE/En/

Printed in Great Britain
by Amazon